Dietrich Gümbel

Die Einswerdung des Menschen oder das Ende der Scham

Dietrich Gümbel

Die Einswerdung des Menschen oder das Ende der Scham

Fromm Verlag

Imprint

Cover image: Vom Autor bereitgestellt

Publisher:
Fromm Verlag
is a trademark of
International Book Market Service Ltd., member of OmniScriptum Publishing Group
17 Meldrum Street, Beau Bassin 71504, Mauritius

Printed at: see last page
ISBN: 978-620-2-44138-4

2. redigierte Auflage Dezember 2019

Dr. Dietrich Gümbel

www.cosmotherapy.de

F-68140 Gunsbach / Elsass / France

„Darum wird ein Mann seinen Vater und seine Mutter verlassen und seiner Frau anhangen, und sie werden sein ein Fleisch. Und sie waren beide nackt, der Mensch und seine Frau, und schämten sich nicht.“
1.Mose 2, 24 -25

Die Einswerdung des Menschen oder das Ende der Scham

Abb.1, Tor zur Neuen Welt

Inhaltsverzeichnis

VORWORT

Mit Geist, Seele und Körper, bildet der Mensch ein Ganzes, doch es braucht deren Einswerdung in Liebe, soll es inneren und äußeren Frieden in der Welt geben.

Die Voraussetzung dafür ist die Integration auch der körperlichen Liebe in unserem Menschsein unter Einbeziehung der Bibel mit dem Alten- und dem Neuen Testament nach unseren heutigen ganzheitlichen Erkenntnissen, sowie basierend auf der Biologie des Menschen.

Der rote Faden für diese Betrachtungen findet sich in den neu übersetzten und kommentierten Schriften des Evangelisten Johannes für die heutige Zeit (*Offenbarung/Evangelium/Briefe*) durch ADAM DWORZYNSKI, ein konfessionsfreier Theologe. Dieser hat mit wissenschaftlich-theologischen Forschungsarbeiten und Tiefenschau an den Schriftquellen aufgezeigt, wie Nichtverständnis der Aussagen durch frühe Christen und Kirchenmänner, das originäre Johannes-Evangelium durch Streichungen und unqualifizierte zusätzliche Kommentare verfälscht haben. Vor allem geht es um das Verhältnis von Männern zu Frauen, denn in der Zeit der frühen Christenheit hat das Patriarchat der damaligen Zivilisation die Kultur geprägt, was sich in der Bearbeitung und nachträglicher Kommentierung der Evangelien auch im Johannesevangelium widerspiegelt.

Auf dieser Basis zeichnet der Biologe DIETRICH GÜMBEL die Wegrichtung der Evolution der Geschlechter auf ganzheitlicher Grundlage nach, begleitet von seinen Aphorismen und Signaturen. Biblische, theologische und naturwissenschaftliche Zusammenhänge lassen uns erkennen, dass die nachparadiesische Scham bezogen auf unsere

„Nacktheit" nun überwunden werden kann, wenn wir bereit sind, die Sexualität in *leibliche Liebe* umzuwandeln, wenn sie mit unserem Wesen, mit unserem „Höheren Selbst" und unserer Seele eins geworden ist.

Wir befinden uns heute in den Geburtswehen einer Neuen Welt, die uns das Gleichgewicht und die Anerkennung beider Geschlechter als Menschenpaar *„nach SEINEM BILDE"* zeitigen wird. Für Jesus waren und sind Frauen gleichwertig zu Männern, denn sie stehen für Ihn als die Ergänzung von Himmel und Erde.
Und Gott schuf den Menschen IHM zum Bilde, zum Bilde Gottes schuf er ihn; und schuf sie als einen Mann und ein Weib." 1.Mose 1,27

I. Einführung

Der Mensch erlebt sich als selbstbewusste Persönlichkeit, als fühlendes und empfindendes Wesen in einem sinnlichen Körper. Das bezeichnen wir in dieser Reihenfolge als bewussten *Geist*, als fühlend-emotionale *Seele* und als materiell-substanziellen *Leib*.

Unser Problem: alle drei haben mitunter ganz unterschiedliche Bestrebungen, sodass es zu inneren Konflikten kommt, die Harmonie verhindert und Krankheiten und Gewalt verursacht. Wir erleben uns selbst als widersprüchlich und zerrissen, was sich auch auf unsere Umwelt auswirkt, die ein Spiegel dafür ist. Das berühmte Wort aus GOETHES Faust trifft die Sache im Kern:

»Zwei Seelen wohnen, ach! in meiner Brust,
Die eine will sich von der andern trennen;
Die eine hält, in derber Liebeslust,
Sich an die Welt mit klammernden Organen;
Die andre hebt gewaltsam sich vom Dust (=Staub)
Zu den Gefilden hoher Ahnen.«

Johann Wolfgang von Goethe, Faust I

Mit der Entlassung des ersten Menschenpaares aus dem biblischen Paradies begann die evolutive Divergenz von Leib, Seele und Geist, um diese auf dem Wege der Rück-Bindung (*re-ligio*) als Ausrichtung auf den Willen unseres Schöpfers, die Einung in uns selbst zu erreichen, denn der Schöpfer erschuf beides: Geist und Materie, als Körper, Seele und Geist, die nach der Einswerdung verlangt, um Frieden in sich selbst zu finden, so wie es Jesus uns vorgelebt hat und jedem von uns als Nachfolge aufgegeben ist.

Gott ist die Einheit von allem und will uns zur Einheit durch IHN in uns bewegen, denn wir sind erschaffen als SEIN Ebenbild, um es mit IHM zu erfüllen.

„Unser Fehler besteht darin und hat immer darin bestanden, vor den Gefahren der Sinnenfreudigkeit in die Askese zu flüchten und vor den Gefahren der Askese zurück in die Sinnenfreudigkeit. Wir pendeln ewig zwischen zwei falschen Gegensätzen hin und her."
Sri Aurobindo, Wenn die Seele singt, Bd.2, Kreuz-Verlag, Stuttgart.

Und dieses hier angesprochene Problem von SRI AUROBINDO gilt es durch eine Verbindung der Extreme zu lösen, wo wir die ergänzende Mitte zwischen beiden Welten finden und Eins werden lassen können.

II. Die Hochzeit zu Kana oder wie Wasser zu Wein wird

Abb.2, Brautpaar

Mit der Erschaffung von Adam und Eva aus dem zweigeschlechtlichen (androgynen) kosmischen Menschen in Genesis 2,7 aus feuchter Erde nach SEINEM Bilde, belebt durch den Odem des Schöpfergottes, ergab sich auch die Einbeziehung der körperlichen-irdischen Liebe noch im Paradies. Darauf hat besonders JOACHIM ILLIES in seiner „*Theologie der Sexualität, Die zweifache Herkunft der Liebe*" hingewiesen. Im zweiten Schöpfungsbericht (*Jahwist*) heißt es diesbezüglich: „*Darum wird ein Mann seinen Vater und seine Mutter verlassen und seiner Frau anhangen, und sie werden sein ein Fleisch. Und sie waren beide nackt, der Mensch und seine Frau, und schämten sich nicht.*" *1.Mose 2, 24 -25*

Erst nach der Ausweisung aus dem Paradies überkam beide die Scham, als Folge der Übertretung SEINES Gebots, nicht die Frucht vom *Baum der Erkenntnis* zu essen und sie erhielten ein neues Gebot zur Fortpflanzung, um Kinder zu zeugen und zu gebären, um so den Fortbestand der nun sterblich gewordenen Menschheit zu gewährleisten.

Nach dem Ausschluss aus dem Garten Eden, entwickelte sich die paradiesisch leibliche Liebe mehr und mehr zur Sexualität, denn diese steht für die Zahl *sechs* und ist körperlich-seelisch bezogen. Die göttliche Zahl aber ist *sieben* (*sechs plus ein*) und steht für die ganzheitliche Liebe, als eine göttliche Liebe, die die seelische *und die körperliche* integriert als „Agape" (*griech."göttlich inspirierte Liebe"*).

Die Hochzeit zu Kana (*Joh.2,1-11*) berichtet vom Beginn des öffentlichen Wirkens Jesu auf Erden, zusammen mit Seiner Mutter Maria, die Ihn dazu aufruft und die Er nicht als *Mutter* anspricht sondern als „Frau", sodass sie im Zusammenwirken wie Geschwister sind, sich ergänzend als Frau und Mann, als Erde und Himmel. Es heißt dort: *„Doch die Einladenden hatten keinen Wein mehr, denn der Hochzeitswein war schon zu Ende gegangen. Darum sprach die Mutter Jesu zu Ihm: „Sie haben keinen Wein". Und Jesus entgegnet ihr: „Was für ein Geschehen kommt auf uns zu, auf Mich und dich! Frau, ist Meine Stunde etwa nicht gekommen?" Da wendet sich Seine Mutter an die Diener mit der Bitte: Tuet was Er euch sagen wird!"* Joh.2,1-3.

Die für die kultische Reinigung bereitgestellten *sechs leeren* Krüge, die nach Jesu Aufforderung mit Wasser gefüllt werden, verwandelte Er in Wein. Wasser ist unser Lebenselixier, ist die Grundlage allen biologischen

Lebens. Doch hier ist die Symbolik der Zahl zu beachten: die *sechs* steinernen Wasserkrüge weisen auf die Sexualität, die Triebkräfte und das Liebesverlangen (*Libido*) des Menschen hin, doch hier hat sich offenbar eine versteinerte L e e r e breit gemacht, durch Anspruchshaltung, Pflichtauffassung, Gewöhnung und traditionellem Ritual, denn dic Wasserkrüge sind *leer*! Und der Wein aus dem verwandelten Wasser steht für die spirituelle *Ergänzung* bzw. *Erfüllung*, denn durch die Aufbereitung durch Gärung des Rebensafts entsteht *Wein-Geist als Alkohol,* der bei den Eingeweihten und Alchimisten als Träger des Geistes (*lat.= spiritus= Geist)* verstanden wird und eine berauschende Wirkung zeitigt, was auch eine Be-*geist*-erung bewirken kann.
Es gilt hier, die Ergänzung von Sexualität und Erotik zur ganzheitlichen Liebe in Verbindung zu Gott, in Einheit als *Agape* wahrzunehmen, was keine Sublimierung oder Auslöschung des Sexus und des Eros darstellt, sondern eine erhöhende ganzheitliche lustvolle *Erfüllung*.

ADAM DWORZYNSKI (*siehe Lit.)* interpretierte das Hochzeitsgeschehen folgendermaßen: „*Das „Wasser" der Leidenschaft ist in den „Wein" göttlicher Minne hinaufzuwandeln! Sex und Eros müssen von der Agape hereingenommen und geborgen werden! Und erst die E h e ist das Begegnen des ganzen Menschen in der Liebe des wehenden Geistes!" S.26, Die Logos Tat ICH BIN, Bd I.*

Dies offenbart auch das Wirken Jesu: den Leib des Menschen mit der Liebe Gottes zu vereinen, was nur der Liebesjünger Johannes in seinem Evangelium so auch verstanden und berichtet hat: *die Ehe von Mann und Frau als Vollzug der Hochzeit von Himmel und Erde.*

Umwandlung

Wenn wir alles
was wir sinnlich leben
mit Gott verbinden
geben wir allem
was wir berühren –
was wir kosten –
was wir als Duft wahrnehmen –
was wir hören –
und was wir schauen
einen höheren Sinn
und wandeln das Wahrgenommene um
- wie Jesus das Wasser in Wein -
als Hochzeit von
Himmel und Erde.

Und im gleichen Schöpfungsbericht Gen.2 offenbart sich die Göttlichkeit der Materie, als der erste Mensch, der kosmische Urmensch, aus feuchter Erde mit SEINEM Odem erschaffen und diese *zum Boden des Himmels wurde.*

Abb. 3, Sich suchendes Paar

III. Göttliche Liebe überwindet die Polarisierung der Geschlechter

Der sogenannte „Sündenfall" im biblischen Paradies, ist als „Sonderung" des Menschen von Gott oder auch des Gottes vom Menschen zu verstehen. Warum? Weil alles aus Gott ist und alles von IHM erschaffen ist, ob geistig, seelisch oder körperlich. Und alles geschieht letztlich nach SEINEM Willen: *„Alles wird durch Ihn; und nicht eines von dem, was werden soll, wird ohne ihn"Joh.1,3.*

Aus dem geschlechtlich noch undifferenzierten männlich-weiblichen Menschen aus Erde, wurden Mann und Frau erschaffen (*1.Mose 2,22*).

Diese menschliche Differenzierung der Geschlechtlichkeit von *männlich* und *weiblich*, war die Aufspaltung von Gottes androgynem Bild, das jetzt zu einem geschlechtlich differenzierten Bild eines ersten Menschenpaares wurde, *in das sich Gott selbst aufgeteilt hat.*

Und damit wurde die Polarität erschaffen, wie das so schön in dem Taiji-Symbol (*siehe Abb.5)* mit schwarzem Yin und weißem Yang anschaubar ist. Der Schöpfergott erschuf diese Gegensätzlichkeit, die sich in der weiteren Evolution der Schöpfung in der Trennung von Geist und Materie offenbarte. ER schuf einen Kosmos der Polarität, der es ermöglichte, dass sich diese Welten immer mehr voneinander entfernten, doch am Ende der Evolution durch Jesus Christus in uns wieder vereint werden, als göttlicher MENSCH und als MENSCHEN-PAAR.

Dieses erste Menschenpaar erfüllte jedoch nicht mehr den Willen seines Schöpfers und brach das Gebot, nicht vom Baum der Erkenntnis zu essen und die Folge war: *Das Paradies zerfiel in Himmel und Erde!*

Der Mensch, Gottes Geschöpf, unterlag nun nicht mehr bedingungslos SEINEM Willen, denn er *hatte seinen eigenen freien Willen zuvor von Gott erhalten. Dadurch* verlor der Mensch das Paradies als Einheit mit IHM und wurde sterblich.

Wir müssen uns hier noch einmal vor Augen halten was das bedeutete: Gott verlieh Adam und Eva die Kraft des Widerspruchs durch den von IHM in sie veranlagten *Eigenwillen. Es entstand das Ich, das Ego, das Selbst.* Doch dieser Eigenwille, dieses Ich ist zugleich ein Spiegel SEINES Willens „*erschaffen nach seinem Bilde*", der durch die Polarisierung in die unterschiedlichen Geschlechter gleichzeitig *ein neues „Bild"* von sich selbst offenbart.

Nun kommt es zu Widerspruchsmöglichkeiten und Widerständen durch den Eigenwillen und durch die unterschiedlichen Mentalitäten von Mann und Frau.

Abb. 4, Selbstorientierung

Gott hat damit für sich selbst einen evolutiven Schöpfungsschritt für SEINE eigene Evolution, für SEINE Mensch-Werdung zur selbstbestimmten freien Entscheidung gemacht. *ER erschafft somit durch die Erschaffung der Polarität die Voraussetzung für einen Widerspruch, die ja in sich selbst schon ein Widerspruch ist, denn es gibt nichts, was ER nicht erschaffen hätte.*

Diese Polarität im Bild des ersten Menschenpaares, führte zu Verfall und Tod, wurde das Schicksal aller Menschen. Doch die Frucht aus dieser Trennung von Gott ist eine evolutive, denn durch diesen leidvollen Weg ergibt sich die größte Errungenschaft: der Mensch wird ein selbstverantwortliches Individuum und erhält von Gott sein Ich, seinen Eigenwillen, sein Ego. Dadurch wird er zum eigenständigen Gegenüber als Gesprächspartner mit seinem Schöpfer – um *frei* zu werden für die Entscheidung, sich mit IHM über unser „Höheres Selbst" zur *Menschwerdung Gottes wieder zu vereinen, wie durch Jesus als erstem göttlichen MENSCHEN.*

Freiheit ist die Frucht der Erkenntnis durch Individualisierung und Trennung von Gott und endlich die Einswerdung in SEINER Menschwerdung.

Es gab hinfort einen Dialog zwischen Gott und seinem Geschöpf, dem Menschen, wobei letzterer sich IHM immer wieder entgegenstellte und verweigerte. Der Schöpfer will im Menschen geboren werden, um die freie Einswerdung aus Geist und Leib zu verkörpern, was durch das Opfer Jesus Christus geschah und allen Menschen ist aufgetragen, dies durch ihre Hingabe an Ihn zu vollziehen. Es gilt Himmel und Erde, Geist und Materie in uns zu vereinen, was endlich zur Auferstehung, zum Auferstehungsleib, als die Einswerdung von Licht und Materie, als „Lichtmaterie“ führen wird.

Es gilt hier noch einmal ganz deutlich zu wiederholen und zu betonen: Als der männlich-weibliche (*androgyne*) Schöpfergott den Menschen nach SEINEM Bilde erschuf und dann dieses Ebenbild in Adam und Eva aufteilte, da trennte sich auch Gott von Gott in SEINEM Bilde in der Schöpfung. Die Ganzheit des „Paradieses“ zerfiel zunehmend in Geist und Materie, als nicht mehr eines, sondern als *zwei Hälften der Schöpfung, als eine irdische und eine geistige*. Der Mensch ging hinfort durch beide Bereiche des Diesseits und des Jenseits, die seitdem durch den Tod geschieden sind.

Die androgyne Vater-Mater-Gottheit trennt sich in die Geschlechter als Mann und Frau und erfüllt sich wieder als der VATER in der MATER, als „Sohn des Menschen“, als Jesus, der geboren wurde von Mutter Maria. In diesem Sinne stehen Mutter und Sohn für die leibliche Verkörperung der

Vater-Mater-Gottheit, wo jeder Mann SEIN Sohn ist und jede Frau SEINE göttliche Mutter, die den Sohn gebiert. Dies offenbaren die Worte Jesu am Kreuz:

„Als nun Jesus die Mutter erblickt und den Jünger stehen sieht, den Er göttlich liebt, sagt Er zur Mutter: „Frau siehe da, dein Sohn!" und danach zum Jünger. "Siehe da, deine Mutter!" Und von dieser Stunde an nahm der Jünger sie in sein Haus. Joh.19,26-27

Der leibliche Mensch, der sich im Laufe der Evolution immer mehr verdichtete, verlor auch zunehmend die Verbindung zu SEINEM Schöpfer. Doch – ob Mann oder Frau - haben dennoch beide das göttliche Höhere Selbst in sich, das mit unserem Selbst oder Ich zur gemeinsamen Flamme werden wird. Durch die Eingeburt Gottes in SEINEN Sohn Jesus, wird das Fleisch der Mutter Jesu zu SEINEM *mütterlichen Leib*. So wird alles Fleisch, alle Materie auf dem Evolutionsweg zur *Materie Gottes.* Und das bedeutet:

Alle leibliche, körperliche Liebe ist – wird - zugleich göttliche Liebe.

Das heißt: wenn wir Gott lieben, dann lieben wir IHN auch, wenn wir uns selbst körperlich lieben oder aber eine Geliebte bzw. einen Geliebten.

Körperliche Liebe und Gottesliebe fällt im MENSCHEN wieder zusammen.

„Vollkommene Liebe ist Gott: Wer in solcher Liebe beständig lebt, der lebt für immer das göttliche Sein, wie Gott schon immer Es in Ihm gelebt." (1.Joh.4,16) Das lässt uns der Jünger Johannes, den der Herr liebte, in seinem Brief wissen. So gesehen liebt sich Gott durch uns. Gott liebt sich

selbst durch SEINE Schöpfung und Geschöpfe, was im Menschen gipfelt als *göttliche Liebe*, die Geist und Leib mit IHM wieder vereint. Das bedeutet:

Alle Materie, alles Fleisch ist SEIN Leib als UNSER Leib.

Im Joh.Evangelium, im Kapitel der Samariterin am Brunnen (*Joh.4,1-30, siehe auch Kapitel XI),* benennt Jesus diese Verbindung, die Einheit von Materie und Geist, als „*wirksamen Geist*" und als „*leib*-haften Geist", weil der Geist Gottes die Einheit mit dem Fleisch will, der Logos sich verleiblichen, sich verkörpern will. Johannes formuliert es in Joh.1,14: *„Und es senkt sich ein der Logos in das Fleisch des Menschen und schlägt Seine Wohnstatt in uns auf."*

Auf dem Wege der evolutiven Rückbindung des Menschen an seinen Schöpfer nähern wir uns einem vereinigenden Geschehen: Wenn ich Gott bleibend liebe und mich selbst liebe, dann liebe ich IHN in mir und alle, die sich solchermaßen lieben, sind verbunden mit IHM. Daraus folgt:

Unser Leib ist zugleich wieder SEIN Leib! Unsere *Seele ist zugleich wieder SEINE Seele. Unser Geistwesen ist zugleich wieder SEIN GEIST.*

Wir werden EINS mit IHM. Erinnern wir uns an das wichtigste Gebot Jesu: *"Du sollst Gott, deinen HERRN, lieben von ganzem Herzen, von ganzer Seele, von allen Kräften und von ganzem Gemüte und deinen Nächsten als dich selbst." Lukas 10,27*

Das zweifarbige Taiji-Symbol mit schwarzem Yin und weißem Yang ist erlöst im Symbol des Kreuzes, wo sich Himmel (*Vertikale*) und Erde

(*Horizontale*) im Zentrum vereinen, in unserem menschlichen Herz. Der Schnittpunkt des Kreuzes ist wieder im Zentrum von *einer* Welt.

Abb.5, Taiji-Symbol & Kreuz

> ***Dunkelheit und Licht***
>
> *Wo Dunkelheit ist*
> *da ist auch Licht*
> *denn sie sind als Paar*
> *gegensätzlich*
> *aus IHM erschaffen*
> *um sich in uns liebend*
> *zu durchdringen*
> *und wieder EINS zu sein*
> *mit IHM in uns*
> *als*
> *MENSCH.*

IV. Körperbau und Stoffwechsel

Der menschliche Körper vereinigt verschiedene Schwerpunkte:

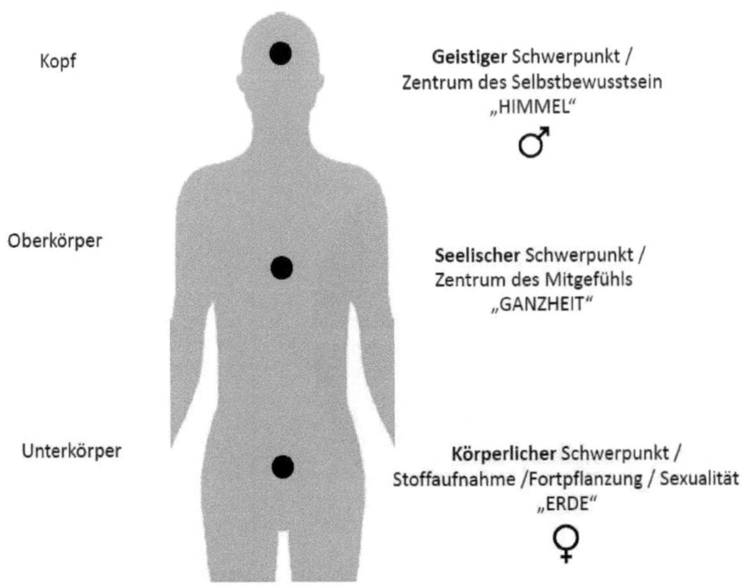

Abb.6, Körperbau

Wir sind nach Gottes Bild erschaffen mit allen Gliedern, Organen und Geweben. So sind alle Organe, Glieder und Gewebe göttlichen Ursprungs und gehören zur Ganzheit des Menschen. Alle Teile einer Ganzheit sind gleichwertig, das heißt: nimmt man ein Organ weg, zerbricht das gesamte organische Gefüge. So gesehen müssen wir alle Teile des Ganzen gleich bewerten und wertschätzen.

Beginnen wir im **Kopf**, der das Zentrum unseres Bewusstseins und Selbstbewusstsein mit dem zentralen Nervensystem ist, allem voran das Gehirn und das davon abzweigende Rückenmark als physiologische Grundlage der Sensorik aller Sinnesorgane (*tasten, schmecken, riechen, hören und sehen*).

Der **Unterkörper** steht für die Resorption der aufgenommen Nahrung über das Darmsystem und deren Ausscheidungen. Er ist also für den Stoffwechsel des gesamten Verdauungssystems, den Aufbau und Erhalt des materiellen Leibes zuständig. Die Geschlechts- und Fortpflanzungsorgane haben die Doppelfunktion der körperlichen Liebe (*Sexualität*), sowie der Fortpflanzung durch Zeugung und Geburt eines neuen Menschen (*Schwangerschaft*). Dieser Körperabschnitt unterliegt jedoch allgemein einer Abwertung, obwohl wir uns dort inkarnieren und das Licht der Welt erblicken. Der Unterleib ist der am meisten erdbezogene Abschnitt für die materielle bzw. leibliche Existenz des Menschen.

Außerdem ist die körperliche Liebe mit einem Tabu belegt, weil Sexualität kulturbezogen im Christentum kaum als Liebe anerkannt ist, sondern oft als „tierisch" betrachtet oder verdrängt wird, weil sie irgendwie nicht wirklich *menschenwürdig* scheint. Dadurch zerreißen wir ständig die Ganzheit des Menschen in uns, in der Gesellschaft und der Kultur.

Doch da, wo wir die körperliche Liebe abwerten, werten wir zugleich auch die Erde ab und die Geschöpfe auf ihr, was sich am Raubbau unseres Himmelskörpers und den heutigen Umweltkatastrophen zeigt, begleitet vom Aussterben vieler Arten der Schöpfung und mit Verwüstungen der Erdoberfläche. Dies alles ist ein Abbild unseres gebrochenen Verhältnisses zum eigenen Körper und zur eigenen Seele. Materie und Leiblichkeit wird allgemein nicht als *Leib Gottes* wahrgenommen.

Die Erde ist uns Lebensspender, wie auch die ernährenden Organe des Unterleibs mit den Keimdrüsen (*Eierstöcke=Ovarien, Hoden= Testis*) und ihren Geschlechtshormonen, den männlichkeitsfördernden *Androgenen* und den weiblichkeitsfördernden *Östrogenen in beiden Geschlechtern.* Diese bestimmen in ihrem jeweiligen Verhältnis nicht nur die Geschlechtsmerkmale als Mann oder Frau, sondern dominieren vor allem den Stoffwechsel unseres gesamten Körpers.

Himmel und Erde können nur EINS werden, wenn auch der erdbezogene Unterleib mit all seinen vitalen Funktionen mit dem Göttlichen verbunden ist, von dem sie ihren Ursprung haben. Solange das nicht von uns umgesetzt ist, bekommen wir keine liebevolle Beziehung zu unserer Mutter Erde, wird der Raubbau an der Schöpfung aus Geldgier und angstbesetztes Machtstreben weiter vorangetrieben.

Die Abtrennung des Göttlichen von der Materie ist die eigentliche Triebfeder des radikalen zerstörerischen Materialismus auf unserer Erde.

Auch die Frauen, die die Kinder gebären und der Mutter Erde und ihren Geschöpfen meist mehr verbunden sind, als allgemein die Männer, leiden seit Jahrtausenden unter mangelnder Würdigung und Anerkennung ihrer lebensspendenden mütterlichen Eigenschaften *(die sich ja auch liebevoll auf den Lebens- oder Ehepartner auswirken!*). Das spiegelt sich in der gesellschaftlich benachteiligten sozialen Stellung der Frau wider. Und das merkt man auch daran, dass heutzutage eine Hausfrau mit Kindern in der westlichen Zivilisation weniger gesellschaftliche Anerkennung und Wertschätzung erfährt, als eine berufstätige Frau, zumal die Berufe gegenwärtig noch überwiegend männlich geprägt sind. Aber eine solche *männliche* berufliche Umsetzung wird vielerorts von ihnen erwartet, was meist wenig ihrem wahren Wesen als Frau entspricht und ihrer Gesundheit und Vitalität widerspricht. Aber diese Erfahrung hat auch eine positive Seite, weil Frauen das Männliche im Beruf intensiver erfahren, indem sie es praktizieren und leben. Genauso positiv ist, wenn Männer das Weibliche in einem bisher typisch weiblichen Beruf oder in der Familie erfahren. Insofern führt das langfristig zu einer Annäherung und liebenden Anerkennung der Frauen durch Männer und umgekehrt. Dennoch bleibt ein wesentlicher Unterschied in den Fähigkeiten von Mann und Frau erhalten.

Es bleibt aber die Frage, warum unsere Gesellschaft im Allgemeinen die mütterlich-weiblichen Tätigkeiten so wenig würdigt und achtet, warum diese unterbewertet sind und die männliche Tätigkeit überbewertet wird. Das ist immer noch ein Symptom des Patriarchats. Wir dürfen die w *e i b-l i c h e n* Qualitäten genauso wertschätzen wie die männlichen, um das soziale und kulturelle Miteinander in der Gesellschaft ergänzender und liebevoller zu gestalten.

Der **Oberkörper** mit seinen Kreislauforganen (*Herz, Leber, Lunge, Milz und Nieren*) hat die Aufgabe, die Gegensätze von Kopf und Unterkörper zu verbinden, die Mitte zu finden, um beide Lebensqualitäten und Funktionen zu verbinden. Dies geschieht durch den Pulsschlag und das kreisende Blut.

Hier ist das *Herz das Organ der Verbindung von Polaritäten,* von Blutaufnahme und Blutabgabe, von Kontraktion (*Systole*) und Erweiterung (*Diastole*) der Herzmuskulatur. Dies vollzieht sich quasi gleichzeitig in den Vorhöfen und Kammern, denn wenn sich die Vorhöfe zusammenziehen und sich nach unten in die Kammern entleeren, weiten sich diese. Und wenn sich die Kammern zusammenziehen und sich dadurch entleeren, dann weiten sich gleichzeitig die Vorhöfe.

Das **Blut** in Verbindung zum Herzen hat eine ganzheitliche Funktion. Es ist *Träger des Geistes* als Bewusstseinsträger, denn *ohne Durchblutung des Gehirns gäbe es kein Bewusstsein und keine Sinneswahrnehmung*. Und das Blut ist *Träger des Gefühls*, ist Seelensubstanz, was wir wahrnehmen in Emotionen und Erregungsmomenten. Und das Blut ist *Träger der Nährstoffe* für den Körperaufbau und Abtransport nicht mehr benötigter Substanzen.

Das Herz mit seinem Blut ernährt uns an Geist, Seele und Leib. Durch die pulsierenden Adern werden alle Gewebe des Organismus mit Lymphe, Gewebswasser oder Blut versorgt. Dieses zentrale Kreislauforgan steht ständig mit allen Zellen des Körpers in Verbindung und steht somit zugleich auch für die *Ganzheit*.

V. Körperliche Liebe und Vitalität

Wie wir schon erwähnt haben, geht die Integration der körperliche Liebe als das *„ein Fleisch werden"* schon im Garten Eden dem nachparadiesischen Fortpflanzungsgebot voran! Und mit der Ausweisung aus dem Paradies setzt bei dem ersten Menschenpaar und all ihren Nachkommen im Laufe des Lebens Alterung, Verfall und Sterblichkeit ein, aber der Fortbestand und die Entwicklung des Menschen und der anwachsenden Menschheit „ *Seid fruchtbar und mehret euch und füllet die Erde und machet sie euch untertan..."*, *1.Mose 1,28,* ist dadurch gewährleistet.

Es ist die Liebe, die göttliche Liebe, die in uns einströmende Lebensenergie, die uns Vitalität und Lebensfreude auf allen Ebenen, geistig, seelisch und körperlich erfahren lässt.

Die betont seelisch-körperliche Liebe, die Sexualität, die man auch als *irdische Liebe* bezeichnen kann, wie wir schon im vorigen Kapitel angesprochen haben, wird durch die Geschlechtshormone vermittelt. Diese sind entscheidend von Bedeutung für unsere Gesundheit und unseren Stoffwechsel. Aufgrund ihrer physiologischen Eigenschaften könnte man sie ohne weiteres auch als *Lebens- und Stoffwechsel-Hormone* bezeichnen.

Die Genitalien mit ihren Keimdrüsen sind Quellen der Kraft und Lebensfreude. Wenn man diesen Kräften keinen Raum im Leben einräumt, sie unterdrückt und herabwürdigt, dann staut sich diese Energie und geht entweder mit uns in den „Untergrund" (*Prostitution / Pornographie*), um sich dort wieder zu entspannen, oder sie wird schlimmstenfalls explosiv in Form von Gewaltverbrechen, Vergewaltigungen oder willkürlichen sexuellen Übergriffen auf Kinder.

Oder aber die Funktion der Keimdrüsen und Geschlechtsorgane beginnt vorzeitig durch Nichtgebrauch nachzulassen, weil die körperliche Liebe nicht gelebt und kultiviert worden ist. Folgen davon sind sowohl das Nachlassen von Vitalität und Lebensfreude, als auch die vorzeitige Alterung des Menschen und die Begünstigung von dementiellen Erkrankungen durch lang anhaltende Depressionen.

Beide Geschlechtshormongruppen, also die *Androgene* und *Östrogene*, werden in den Keimdrüsen, beim Mann in den Hoden (*Testis*) und bei den Frauen in den Eierstöcken (*Ovarien*) gebildet, wie auch bei beiden Geschlechtern in den Nebennieren, jedoch zu ganz unterschiedlichen Anteilen. Dies verursacht in der frühen Keimblattentwicklung (*Embryologie*) je nach ihrem spezifischen Anteil, dass sich das Ungeborene geschlechtlich zu einem Jungen oder Mädchen entwickelt.

Zu Beginn der Embryonalzeit zeigen sich die Anlagen der inneren und äußeren Geschlechtsorgane als neutral und geschlechtlich undifferenziert. Sie beinhalten die Entwicklung entweder zu einem Jungen oder Mädchen. Insofern kann man von einer *zweigeschlechtlichen-androgynen* Ausgangslage des Embryos wie beim ersten androgynen Menschen sprechen.

Das männlichkeitsfördernde *Testosteron* (*aus der Gruppe der Androgene*) steht für Aktivität, Gestaltungskraft, Kreativität, sowie für räumliches Vorstellungsvermögen. Es fördert ebenso die Bewegungsfreude, als auch das sexuelle Verlangen und Lustvermögen *(Libido)* bei *beiden*

Geschlechtern. Sinkt dieser Hormonanteil ab, sinkt auch das Bedürfnis bei Mann *und* Frau nach körperlicher Liebe.

Das weiblichkeitsfördernde *Östrogen* steht für ein seelisch-körperliches (*psychosomatisches*) empfangendes Verhalten. Besser zuzuhören, steht z.B. für Behütung, familiäre Bindung und Mütterlichkeit *in beiden* Geschlechtern. Es fördert eine mögliche Schwangerschaft. Zuviel von diesem Hormon verursacht einen erhöhten Fettansatz und führt zu mehr Trägheit (*Bewegungsmangel*). *Und interessanterweise ist das Fettgewebe in der Lage das männliche Testosteron in weibliches Östrogen umzuwandeln,* was eine wichtige Funktion nach den Wechseljahren sein kann, da dann allgemein der Östrogenspiegel der Frauen sinkt, was die typischen Beschwerden verursacht. Adipöse übergewichtige Männer sind im Allgemeinen sexuell weniger aktiv, aber das gilt auch für den ähnlichen Frauentyp.

Die Wirkungen dieser Geschlechtshormone sind also polar und man kann sie auch in ihren ergänzenden Eigenschaften mit dem weiblichen YIN und dem männlichen YANG vergleichen.

Im Menstruationszyklus und in der Schwangerschaft der Frau schwanken die antagonistischen Anteile der Geschlechts- oder Schwangerschaftshormone, was Auswirkungen auf die emotionalen Zustände einer Frau bis hin zu ihrem Denken hat. Und beim überstarken testosterongesteuerten Mann besteht die Gefahr von Überaktivität, Fanatismus, Aggressivität und Zerstörungswut.

Diese Botenstoffe *(= Hormone*) vermitteln bestenfalls das Bedürfnis der Partner sich zu lieben, um „*ein Fleisch zu werden*“, was nicht zur Zeugung und der Empfängnis eines Kindes führen muss. Aber diese Hormone lassen Körper, Seele und Geist in Lebens- und berauschender Liebeslust aufleben. *Liebe beflügelt das Leben.*

Wenn sich jedoch die hormonellen Anteile aufgrund von persönlicher Ablehnung des gegengeschlechtlichen Partners durch emotionale Spannungen verschieben, wirkt sich das häufig negativ auf den eigenen Hormonspiegel aus und kann zu hormoneller Disharmonie der sich ergänzenden Hormongruppen z.B. in Form von verstärkter Aggression oder aber zu vermehrter Trägheit führen.

Diese verschiedengeschlechtliche Situation beinhaltet erfahrungsgemäß einerseits die Möglichkeit eines gegenseitigen Verständnisses füreinander, doch andererseits können die differenzierten Einstellungen auch zu Konfrontationen führen, *wenn nicht die eigenen, weniger dominanten geschlechtlichen Aspekte des anderen Geschlechts in sein eigenes Verhalten mit einbezogen werden.* Zur Ganzheitlichkeit gehört auch, dass der Mann seine weibliche Seite entwickelt und diese lebt und kommuniziert bzw. die Frau ihre männliche Seite entwickelt und diese in ihr Gesamtverhalten mit einbezieht, ohne jedoch das eigene Geschlecht zu kurz kommen zu lassen!

Das wiederum bedeutet, dass wir als Männer oder Frauen das ganze göttliche Prinzip, das Männliche und das Weibliche unterschiedlich betont jeweils in uns tragen. Physikalisch könnte man das auch als eine unterschiedliche „elektrische Ladung" der Geschlechter bezeichnen, was Spannungen auslöst, die die Anziehung zwischen den Geschlechtern fördert. Diese Spannung baut sich nicht nur auf hormoneller körperlicher

Ebene auf (*Sexualität*), sondern auch auf körperlich-seelischer (*Erotik*) und seelisch-geistiger Ebene (*Freundesliebe),* sowie auf *geistiger Resonanz.*

Durch unsere individuell angelegte Zweigeschlechtlichkeit auf hormoneller Basis entsteht auch eine andauernde Spannung *in uns selbst*, als Mann oder als Frau, sich als Lebensenergie offenbart. Diese kann durch eine Begegnung mit einem andersgeschlechtlichen Partner stark erhöht werden, wobei hier einerseits die genetischen Anlagen und der seelische Charakter, sowie andererseits die eigenen Bewusstseinsinhalte eine gemeinsame Rolle spielen. Eine stärkere Verbindung entsteht dann durch eine *Resonanz* der Schwingungen zwischen beiden Partnern.

Mit zunehmender Entwicklung des Selbstbewusstseins im Erwachsenenalter kommen wir in die Lage, unseren *Hormonhaushalt* durch unsere innere Haltung, Einstellungen zu den Problemen des Lebens und durch unsere Gedanken und den Glauben mitzugestalten. Die Mentalität eines Menschen wirkt sich auch auf den Hormonhaushalt aus.

Die Empfehlung, dass Sexualität und körperliche Liebe nur zur Zeugung von Kindern zuzulassen sei, widerspricht IHM in seiner Schöpfung. Eine solche Anschauung wirft gewaltige zwischenmenschliche und kulturelle Probleme auf, denn wenn die Frau aus biologischen Gründen keine Kinder mehr bekommen kann und nun glaubt kein Anrecht mehr auf Sexualität zu haben, dann sinken nicht nur ihre Geschlechtshormonwerte, da sie sich nicht mehr geliebt und attraktiv fühlt, sondern es sinken auch die Testosteronwerte des männlichen Partners zu einer zunehmenden Alterung und zum Nachlassen der Lebensfreude, des Liebesverlangen und der Kreativität.

Die Keimdrüsenaktivität ist Quelle der *schöpferischen* Kräfte unseres *Schöpfers* in uns, die von der spirituellen Eingebung ergänzt wird.

Der Mangel an diesen Kräften offenbart auch die Zusammenhänge und Hintergründe der urologischen und gynäkologischen Volkskrankheiten bei Männern und Frauen aufgrund einer lieblosen und verdrängten Sexualität. Hier zwei Beispiele:

Man bezeichnet die „gutartige" Vermehrung der Zellen der Vorsteherdrüse (*Prostata*) bei Männern als eine Vergrößerung (*Hyperplasie*). Das kann schon ab dem 30. Lebensjahr beginnen und vom 40. – 50. Lebensjahr sind es schon 40%, die davon betroffen sind. Erschütternd aber ist, dass etwa 90% der Männer im Alter von 80 – 90 Jahren daran leiden. Die vorausgehenden diversen sehr belastenden Beschwerden beim Wasserlassen, sind häufig die Vorlauf-Beschwerden *für Prostata-Krebs als der häufigste bösartige Tumor bei Männern.*

Und Frauen leiden zu 30 – 40% im Laufe ihres Lebens an Harninkontinenz durch Blasen- bzw. Gebärmuttersenkung, da die Bänder (*Ligamente*), das Bindegewebe und die Beckenbodenmuskulatur aus mangelnder Nutzung und Belastung zu schwach geworden sind. Es kommt zu einer Absenkung der Gebärmutter, der Harnblase oder des Enddarms (*Rektum*) mit den daraus resultierenden Beschwerden der nicht mehr richtigen Funktion der Schließmuskeln mit unkontrolliertem Harnabgang und erschwerten Stuhlausscheidungen. Die Ursachen sind oft der Mangel an lustvollen Kontraktionen durch Orgasmen der Gebärmutter (*Uterus*) sowie der Beckenbodenmuskulatur mit ihren inneren und äußeren Blasenschließmuskeln, einschließlich des Anus durch fehlende

Liebesfreuden.

Diese Zusammenhänge weisen darauf hin, dass *Organe, die nicht im Sinne der Schöpfung benutzt werden, degenerieren oder erkranken.* Dafür gibt es ein treffendes Sprichwort im Englischen: *„Use it or loose it" (benutze es oder verliere es).*

Und da wir nicht immer eine perfekte und ideale Partnerschaft haben, um unser Liebesleben auch körperlich zu pflegen, kommt die *Selbstliebe* ins Spiel, wie wir noch erörtern werden, denn auf hormoneller Basis haben wir ja beide Geschlechter auch in uns als Mann und Frau. Außerdem haben beide Geschlechter ja einen *weiblichen Körper*, geboren durch die leibliche Mutter. Und das zugehörige biologische männliche Element bei der Befruchtung der mütterlichen Eizelle, ist ein winziges Organell in der befruchtenden Samenzelle, das sogenannte „Teilungskörperchen" (= *Zentriol oder Zentralkörperchen*). Dieses Zentriol versetzt die nicht teilungsfähige Eizelle nach der Befruchtung in die Lage, sich teilen zu können, um so ein erstes embryonales Gewebe zu bilden bis zur Entwicklung des eigentlichen Embryos. Die Mutter gibt also die Eizelle und der Vater den Entwicklungs- und Wachstumsimpuls für die Zeugung eines Menschen.

Die grundsätzlichen verschieden-geschlechtlichen Anlagen und Impulse spiegeln das Göttliche in uns auf biologischer Ebene im einzelnen Menschen.

Die Feststellung Jesu *„Denn siehe, das Reich Gottes ist inwendig in euch." Lukas 17; 20 – 2,* verweist uns auf die Möglichkeit in geistiger, seelischer und körperlicher Hinsicht, einschließlich unseres Erbgutes, eine

Verbindung zu unserem Schöpfergott zu bekommen. Die erdbezogenen Gene haben wir von unseren Vorfahren geerbt, stammen also aus der Evolution der Menschheit. Sie sind das Erbmaterial, dass es von uns zu bearbeiten gilt, werden verändert und modifiziert durch die Art und Weise unseres Lebens. Dieser Fakt ist inzwischen auch von der Wissenschaft bestätigt.

In uns laufen Himmel und Erde zusammen, und können EINS werden.

VI. Selbstliebe und Liebesakt als Kommunikation von Körper, Seele und Geist

Alle Substanz, alle Materie ist aus SEINER LIEBE erschaffen, somit bleibt die Liebe das Verbindende zwischen Geist und Materie.

Ursprung und Ziel der kosmischen Schöpfung ist die Menschwerdung des Logos, des Schöpfergottes, in allen Menschen. Diese Botschaft hat Jesus Christus als Frohe Botschaft (*Evangelium*) gelebt und gelehrt. Sie strahlt bleibend aus Seinem Reich in unsere Welt. Himmel und Erde vereinen sich auf evolutivem Weg. (*siehe Abb.16).*

Die Liebesspannung zwischen allen Gegensätzen (Polaritäten) und zwischen den Geschlechtern ist eine Lebenskraft, eine zutiefst schöpferische Liebeslebenskraft, die sich bis in das Fleisch, bis in alle Zellen und in die Ladungsverhältnisse eines jeden Atoms auswirken. Diese Energie baut sich immer wieder auf und möchte sich von Zeit zu Zeit „entladen", was durch körperliche oder geistige Arbeit, Kreativität und alltägliche Arbeit geschehen kann. Dahinter verbirgt sich aber auch das Bedürfnis, diese Liebeskräfte körperlich auszuleben in Form eines Liebesaktes, der im Orgasmus gipfeln will oder kann.

Einer der Gründe für dieses Liebesbedürfnis liegt beim Mann darin, dass sein gestaltendes Männliches das hingebend-empfangende Weibliche in der Partnerin sucht, was jeder Mann auch in sich selbst trägt. Das gilt jedoch ebenso umgekehrt. Auch die Frau sucht die männliche Gestaltungskraft im Manne, die sie in sich selbst trägt. Und Männer, die sich allzu gerne einer liebvollen Frau hingeben und ihre Aktivität genießen, geben somit dem Männlichen in der Frau einen Raum zur Entfaltung.

Das wir diese Anregungen auch alle alleine in uns stimulieren können, ist zugleich Wurzel bzw. Ursache der *Pansexualität* (*=Sexualität ohne geschlechtsspezifische Festlegung*) des Menschen, der eine erotisch-sexuelle Resonanz zu beiden Geschlechtern herzustellen in der Lage ist. Das kann Homosexualität zwischen Männern oder zwischen Frauen bedeuten, als auch zugleich zum getrenntgeschlechtlichen (*heterosexuellen*) Partner, was auch als „Bisexualität" bezeichnet wird. Zum anderen gibt es in der Geschlechterbezeichnung von „männlich" und „weiblich" mittlerweile das gesetzlich anerkannte sogenannte „*Dritte Geschlecht*", wenn gleichermaßen männliche und weibliche Geschlechtsmerkmale bei der Geburt des Kindes ausgeprägt sind und möglicherweise verbleiben. Jetzt schützt das Gesetz vor einer frühzeitigen getrenntgeschlechtlichen Festlegung, um abzuwarten, wie sich dieser Mensch entwickelt bzw. wofür er sich im reiferen Alter entscheidet, um nicht vom Gesetzgeber durch eine vorzeitige Festlegung seines Geschlechts „vergewaltigt" zu werden. Die grundlegende bisexuelle Anlage ist also in jedem von uns enthalten und kann im Laufe des Lebens auch einmal zutage treten. Ob das gelebt wird oder nicht, ist eine ganz andere Frage. Dies ist abhängig von der individuellen Einstellung, dem Glauben, sowie vom sozialen und kulturellen Umfeld des betreffenden Menschen, der das selbstverantwortlich entscheidet. Verurteilungen von sexuell anders orientierten Menschen bisher allgemein akzeptiert, stehen uns nicht zu, weil wir nicht das Recht dazu haben. Das obliegt nur dem Schöpfer selbst, der unser Verhalten und unsere Einstellung von innen her richtet. Und diese Freiheit muss jedem Menschen zugestanden werden, denn ohne diese gibt es keine wahre Entwicklung unseres Menschseins!

Es ist auch daran zu erinnern, dass in den verschiedensten und nichtbiblischen Schöpfungsmythen ebenfalls menschliche Wesen als androgyn (*männlich-weiblich*) geschildert werden, wie z.B. in der persischen Mythologie. Dort lebte das erste Menschenpaar als Licht und Dunkelheit im Garten Eden gemeinsam in einem Körper, bis der Schöpfergott Ahura Mazdao (*Zoroastrismus*) sie trennte (*siehe Taiji-Symbol*) . Und in der griechischen Mythologie trennte der Göttervater Zeus die ursprünglichen androgynen Kugelmenschen in einen männlichen und einen weiblichen Körper. Dies entspricht der Genesis 2 (1.Mose 2, 21 -25), wo der noch geschlechtlich undifferenzierte androgyne Mensch in Mann und Frau aufgeteilt bzw. erschaffen wurde.

Aus dieser schöpferischen Polarisierung entstand das göttliche Aufeinander Bezogen Sein durch Liebe in allen Formen, als körperliche, seelische und geistige Liebe.

Der geschlechtliche Akt kann sich aufgrund des bisher gesagten bei einem Paar vollziehen, aber auch allein in der *Selbstliebe*, wo sich das Weibliche mit dem Männlichen in uns verbinden kann und ein intensiver lustvoller warmer Lebensstrom in Körper und Seele entsteht. Dessen Gipfelergebnis ist der Orgasmus, durch den sich die Spannung entlädt und der uns mit wohliger Zufriedenheit erfüllt.

Abb.7, Selbstsuche

Wir kennen alle den Begriff „Selbstbefriedigung“, was bedeutet, sich selbst „Frieden“ bringen, sich *befrieden.* Warum aber braucht es das überhaupt? Gab es da in uns vorher „Krieg“, um den Gegenbegriff zu nennen?

Wenn sich Krieg und innerer Frieden vereinen, bleibt der Frieden und der Krieg verschwindet, wie wenn man Licht ins Dunkle bringt, dann hellt sich alles auf und die Dunkelheit, die zerstörerische Aggression erlischt.

Wie wir schon aufgezeigt haben, ist die Libido (*Begierde, Wollust, Trieb*) bei Mann und Frau eine männliche Kraft (*Testosteron bewirkt Sexualtrieb)*, der eine Spannungssteigerung innewohnt, die vor allem bei Männern gefährlich und aggressiv werden kann. Schlimmstenfalls ist sie nicht mehr kontrollierbar. Das kann zu sexuellen Übergriffen und Vergewaltigungen führen, was Menschen leider immer wieder bei Kriegshandlungen erleben, wo Zerstörung und Aggression ohnehin das Ziel ist. Doch es gibt die Möglichkeit, diese Energie als göttliche Liebesenergie bei sich allein in Auslösung und Erlösung zu bringen, oder aber bei einem Partner die Resonanz für die entsprechende körperliche Libido zu wecken und sich gemeinsam dem Liebesakt hinzugeben.

Es geht darum, den Sexualtrieb, sowie die Selbstbefriedigung mit unserem Höheren Selbst, mit unserem Geistwesen in Verbindung zu bringen und von Unterdrückung und schlechtem Gewissen zu befreien. Dies ermöglicht eine *geistige Kontrolle über den Trieb*, denn auch er ist *gottgewollt*, weil er für die Ganzheit des Menschen fördernd, vitalisierend, gesunderhaltend und freudebringend ist. Dadurch werden Menschen offenherziger und gelöster, können besser mit anderen kommunizieren. Man wird freier und selbstverantwortlicher, weil wir mit dem Schöpfer bis in den Leib in uns verbunden sind. Erst dann unterliegen wir nicht mehr der Gefahr von unkontrollierten Triebhandlungen, denn Geist, Seele und Leib sind im Einklang.

Körperliche Liebe und Selbstliebe führt uns zur Selbstfindung, lässt uns das Höhere Selbst, unser göttliches Geistwesen, mit unserem Leib verbinden lernen.

Natürlich sind das Kräfte, mit denen man haushalten lernen muss und das geschieht am nachhaltigsten, wenn man diese mit einem *liebenden* Partner oder mit *Liebe* zu sich selbst lebt. Das ist ein lebenslanger Weg und verhilft uns gelöster, offenherziger, gefühlvoller, wärmer, weicher und aufgeschlossener zu werden.

Der maßvolle Umgang mit der Selbstliebe bewirkt auch, dass der Gang der Männer elastischer, wacher und kraftvoller wird. Ein solcher Mann wirkt häufig hormonbedingt liebevoller und zugleich entschlossener. Und durch einen gesunden Testosteronspiegel aufgrund der sexuellen Stimulation kann sich mit der Zeit der Muskelansatz erhöhen oder bleibt bei älteren Menschen erhalten. Die Gelenke werden besser durchblutet und vermehrt mit Gelenkflüssigkeit versorgt aufgrund der wohligen Bewegungen, denn innere Bewegung fördert die äußere Bewegung.

Frauen wirken durch ihre Liebesakte gelöster, ihr Gang ist geschmeidiger und ihre Seele einfühlsamer, zufriedener. Die Frau wirkt wacher und kreativer durch ihren leicht erhöhten Testosteronspiegel und einen ausgeglichenen Östrogenspiegel, zusammen mit anderen begleitenden Hormonen. In ihrer feinsinnigen Aura schwingt Erotik. Ihre Ausstrahlung ist herzlicher, kommunikativer und weiblicher, was sie für Männer attraktiv macht.

Das Liebesleben ist so gesehen ein Jungbrunnen, was die moderne Medizin wissenschaftlich bestätigt. Dem stehen in uns Menschen die spaltenden jahrtausendealten knallharten Muster der Abwertung und Verdrängung der körperlichen Liebe entgegen, die als Sünde verurteilt und verdeckt gelebt wurden. Je nach der Form des offenen Bekennens und Auslebens in anderen Kulturen, drohen bis heute mitunter immer noch harte Strafen mit Verurteilung, Freiheitsentzug oder sogar Folter.

Diese Einstellungen und Ansichten gilt es in uns und in den Gesellschaften umzuwandeln. Das setzt die Befreiung von alten Denkmustern voraus und auch den Mut, Liebe neu zu leben. Aber auf diesem Weg verwandeln wir uns, denn das alles wirkt ungemein erlösend, befreiend und vitalisierend.

Die Menschheit ist reif geworden, Himmel und Erde in sich zu finden und in sich zu verbinden. Der Himmel will die Erde in uns berühren und sich mit unserem Leib vereinen, der aus Erde sich aufbaut und nährt.

Abb.8, Selbsterkenntnis

VII. Der Ursprung der Scham und des Selbstbewusstseins

Wie wir schon eingangs zitiert haben, hört sich das paradiesische Verhältnis zwischen Gott, und dem ersten Menschenpaar im zweiten Schöpfungsbericht so an:

„Darum wird ein Mann seinen Vater und seine Mutter verlassen und seiner Frau anhangen, und sie werden sein ein Fleisch. Und sie waren beide nackt, der Mensch und seine Frau, und schämten sich nicht." 1.Mose 2, 24 -25.

Abb.9, Nacktheit

Das ist auch das Ziel der Evolution, dass Mann und Frau jeweils durch eigenen Glauben, Liebe und freie Entscheidung diese selbstbestimmte

Einheit leben. Das ist dann nicht nur das zweite Paradies, sondern ist Teil des „*Reiches Gottes*“, wenn wir mit dem Schöpfer verbunden sind.

Es ist in unserer Betrachtung zu unterscheiden zwischen der *körperlichen Liebe* einerseits und der *Fortpflanzung, die der Zeugung von neuem Leben dient, andererseits.* Wie wir bereits darauf hingewiesen haben, handelt es sich hierbei um zwei verschiedene Ebenen, denn die körperliche Liebe, also „*ein Fleisch zu werden*“, gab es schon im Paradies. Doch nach der Austreibung aus diesem, die mit dem Sterben bzw. dem Tod verbunden war, brauchte es für den Fortbestand der Menschheit eine genitale Liebe mittels Zeugung und Empfängnis zur Geburt eines neuen Menschen.

Scham ist ein Phänomen der Trennung von Gott und *trotzdem zugleich auch unsere bleibende Verbindung zu IHM.* Das Nacktsein der beiden Geschlechter *im Paradies* verursachte noch keine Scham, da dort noch kein *eigenes Selbst-Bewusstsein*, kein differenziertes Ich oder Selbst vorhanden war. Da die ersten Menschen bewusstseinsmäßig noch mit Gott EINS waren, erkannten sie sich selbst noch nicht. Doch nach der Ausweisung aus dem *Garten Eden,* fiel es dem ersten Menschenpaar wie Schuppen von den Augen und sie erkannten ihre Nacktheit und das war zugleich ihre erste *Selbsterkenntnis als Mann und als Frau.*

„Und Adam versteckte sich mit seinem Weibe vor dem Angesicht Gottes des HERRN unter die Bäume im Garten. Und Gott der HERR rief Adam und sprach zu ihm: Wo *bist du?... Und er sprach: Ich hörte deine Stimme im Garten und fürchtete mich; denn ich bin nackt, darum versteckte ich mich. Und er sprach: Wer hat dir's gesagt, dass du nackt bist?“ 1.Mose 3,8-12 .*

Das *Selbstbewusstsein,* aber auch die *Angst* („*und fürchtete mich*" und „*darum versteckte ich mich*") waren geboren. Das bezeugt: *Ich bin anders als du, oder: ich bin nicht du, sondern habe meinen eigenen Willen.* Das geborgene Eins Sein mit Gott war zerrissen. Der Mensch wurde in diese Welt als ein „*Ausgestoßener*" entlassen, um selbständig zu werden. Daher kann man die Austreibung aus dem Paradies auch mit der Geburt eines Kindes aus dem Mutterleib vergleichen, dessen Weg in die Selbständigkeit und Selbstbestimmung geht, jedoch in den ersten Jahren dafür noch vom Vater begleitet wird (*Altes Testament*).

Wenn man bemerken will, bewusstseinsmäßig wahrnehmen will, dass man „nackt" ist, braucht es eben „Selbst-Bewusstsein". Deshalb die Nachfrage von Gott: „*Wer hat dir gesagt, dass Du nackt bist*?" Und die Antwort ist: *weil Adam es s e l b s t wahrgenommen hat!*

Scham empfindet man, wenn man zuvor in behütender Geborgenheit und Vollkommenheit gelebt hat und nun die Unvollkommenheit wahrnimmt, denn dann fühlt man sich wie „nackt", auf sich *selbst* gestellt. Und als sie sich dessen gewahr wurden, versteckten sie ihre „Scham" hinter Feigenblättern. Das heißt, sie erkannten durch die Trennung vom Schöpfer ihre Halbheit und nahmen ihre unterschiedliche Geschlechtlichkeit erstmalig wahr.

Es ist ja bezeichnend, dass man die Geschlechtsorgane als „Scham" benennt, wofür sie ja stehen. Durch die Auftrennung der göttlichen Zweigeschlechtlichkeit entstand eine Polarisierung der Geschlechter und daraus dann das Ich, Selbst oder Ego als Voraussetzung des Denkens.

Denken ist reflektieren und dazu braucht es ein Gegenüber, von dem das Gesagte zurückgespiegelt *(= reflektiert) wird,* der mir das Hinausgegebene beantwortet, der re-agiert, wodurch gegenseitiges Bewusstsein erwacht und Selbstbewusstsein erweckt wird.

Geschlechtliche körperliche Liebe in Verbindung mit Gott kennt keine Scham und erzeugt keine Scham. Erst außerhalb SEINES Willens, in unserem Eigenwillen, schämen wir uns. Wir kennen diesen inneren Prozess auch als „Gewissen", als *Gewissensbisse.* Die Erlösung von der Scham ist der Weg der Vereinigung mit SEINEM Willen. Das deutet hin auf den Weg in eine Neue Welt, der von Jesus als das „Reich Gottes" bezeichnet wurde.

Es gilt die körperliche Liebe nicht schamvoll zu verdrängen, sondern selbstbewusst zu leben und diese nicht nur zur Fortpflanzung anzuerkennen oder zuzulassen.

Es gibt ein geheimes (*apokryphes*) Jesus-Wort, dass hier seine volle Bedeutung und Begründung erfährt. Es ging um die Frage der Salomé, der Mutter des Jüngers Jakobus und Johannes, wann denn Seine Wiederkunft stattfinden wird und Er antwortete:

„Wenn ihr die Hüllen der Scham mit Füssen tretet, und zwei Eins sein werden, und das Äußere wie das Innere, und das Weibliche mit dem Männlichen zusammen weder Männliches noch Weibliches." ClemensAlex.Strom.III,13,92

Die körperlich-seelische (*psychosomatische*) *Sexualität* hat *besitzergreifende* Eigenschaften, ist mit Machtkontrolle und Bindungsanspruch bis hin zur Gewaltanwendung verbunden, *weil sie von unserer Gesellschaft und Kultur an die Fortpflanzung zur Zeugung und Geburt, zur erbberechtigten Nachfolge der Nachkommen gebunden wurde.* Aber hier geht es nicht um Nachkommen oder Erben, sondern um *Liebe, um körperliche Liebe, um ganzheitliche Liebe, um Agape.* Diese kennt keine Macht, keine Unterdrückung und Kontrolle. Dann brauchen wir uns nicht mehr vor IHM zu verstecken, weil diese Liebe IHM entspricht. Daher braucht es eine *Befreiung von der der Sexualität* hin zur *körperlichen Liebe*, die mit der LIEBE des Himmels in uns, mit unserem Höheren Selbst verbunden ist – eins ist. Doch das muss dann bei beiden Partnern der Fall sein.

Das bedeutet, dass wir unsere körperlichen Bedürfnisse nicht abtrennen bzw. ver-ur-*teilen* sollen, sondern in unser Wesen integrieren können. Erst dann fügt es sich zum Ganzen, wie ja auch der menschliche Leib nach Gottes Bild ein Ganzes ist, mit Kopf, Oberkörper und Unterleib.

Doch wenn wir die Wirkung von Sexualität bei uns selbst erheben möchten, müssen wir uns erst einmal „hinunterbücken" um das Gesonderte und nicht Integrierte „anzuheben", um es zu **er**greifen, damit wir es ***be**greifen können.* Erst dann können wir diese Wirkung wahrnehmen, spüren, was sie mit uns macht, wie es sich anfühlt, ohne es zu verdrängen oder vielleicht wie bisher zu verurteilen, denn letztlich verurteilen wir nur uns selbst und das bringt keine Erlösung.

Hier ist unser Herz als Zentrum des Höheren Selbst und der ganzheitlichen Liebe gefragt. Der körperliche Liebesakt, in welcher Form auch immer, wird nur durch die Blutversorgung vom Herzen her in die

Geschlechtsorgane möglich, zieht es danach mit den sexuellen Impulsen zu sich hoch und vereint es mit unserem Wesen.

Der Orgasmus lässt uns die Vereinigung von *Körper und Seele* rauschartig fühlen und zwar mit der Seele unterster Hälfte (*siehe bei Goethe: „Die eine hält, in derber Liebeslust, sich an die Welt mit klammernden Organen“*). Gibt es ein intensiveres Körpergefühl als durch einen Orgasmus? Dieser ist ein Vorgeschmack auf die volle Einswerdung nicht nur von Leib und Seele, sondern in einer neuen Dimension: von Geist (*Höheres Selbst*), Seele und Leib. Das ist das Ziel unserer Entwicklung und nichts geht uns dabei verloren, denn die Ganzheit verursacht einen höheren und tieferen Rausch, als alles Bisherige und auf allen Ebenen zugleich, fokussiert im Herzen als der Brennpunkt der Liebe.

Abb,10, Einssuche

VIII. Heirat und Ehe

Im Johannesevangelium (*Joh.8,3*) steht die Geschichte von einer, bei der „Untreue“ ergriffenen Frau, eine sog. „Ehebrecherin“, die mit einem furchtbaren Todesurteil durch brutale Steinigung bedroht wurde. Doch da müssen wir zuvor begrifflich und bedeutungsmäßig unterscheiden zwischen „Heirat“ einerseits, die der menschlichen Gesetzgebung unterliegt, und einer „Ehe“ andererseits, die A.DWORZYNSKI als göttlichen Hauch zwischen den liebenden Partnern von *Muttergöttlichkeit* und *Vatergöttlichkeit* darstellt. Und somit stellt sich die Frage, ob man diese Frau überhaupt als „Ehe-brech-erin“ bezeichnen kann, die vielleicht nie eine „Ehe“ mit ihrem angeheirateten Mann erlebt hat, denn die Frauen im damaligen Patriarchat waren rechtlich und sozial gegenüber den Männern benachteilig, oft auch deren Dienerinnen oder gar Sklavinnen.

Doch Jesus, als „Anwalt Gottes“, zeigt den Anklägern ihre Schändlichkeiten auf, indem er ihnen diese einzeln in den Sand schrieb, sodass sie verstummten und beschämt von dannen gingen. Und Jesus verurteilt die angeklagte Frau nicht, denn man kann den Zusammenhang auch anders interpretieren: Vielleicht war diese Frau gegen Ihren Willen, wie damals im Nahen Orient nicht unüblich, verheiratet worden (*vielmals ja bis heute noch immer üblich!),* wurde wie eine Gefangene unterdrückt oder sogar misshandelt. Vielleicht besuchte sie nur den Mann, den sie wirklich liebte und der möglicherweise ein Seelenpartner für sie war.

Abb.11, Verurteilung

Diese Möglichkeit sollte von uns in Betracht gezogen werden, auch wenn wir für diese Darstellung keine weiteren Nachweise haben. Jesus sagt ihr abschließend, nachdem sich ihre Ankläger beschämt aus dem Staub gemacht hatten: „*Nun aber gehe den Weg! Und verleugne nimmermehr dein innerstes Gesetz!*“.

Doch suchte sie vielleicht doch schon nach ihrem „innerstes Gesetz“, welches sie heimlich zu ihrem Geliebten gehen ließ, um mit ihm „*ein Fleisch*“ zu sein, was ihr mit ihrem Ehemann nicht möglich war. Ihm spielte sie nur eine „gefügige“ Frau *vor, womit sie ja ihr innerstes Gesetz als das göttliche Gesetz bereits verleugnet hätte.* Jesus wird ja auf gar keinen Fall diese Frau von ihrer wahren Liebe abgehalten haben. Er könnte also darauf hingewiesen haben, dass die Verbindung mit ihrem angeheirateten Mann bisher nicht ihrem „innersten Gesetz“ entsprochen hatte. Jesus hat ihr den Impuls mit gegeben, sie solle sich nicht abhalten lassen, nur diesem zu folgen und wurde so von Ihm mit den Worten bestärkt: *„Frau, wo sind sie, deine Ankläger? Nichtwahr, niemand hat dich verurteilen können?“ „Niemand, Herr!“ bestätigt die Frau. Und Er darauf: „Weil Ich dich nicht verurteile!“. Joh.7,10-11.*

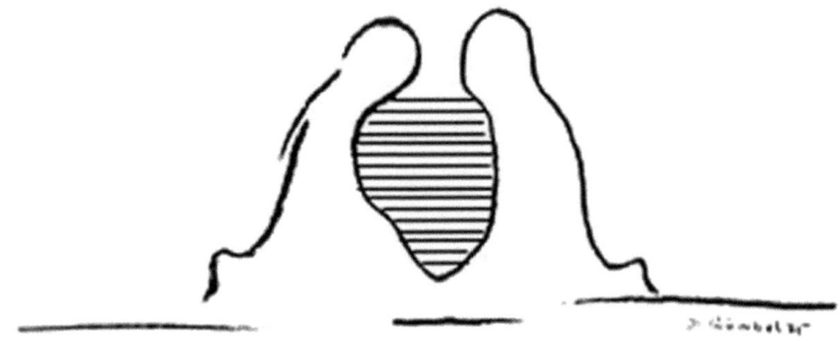

Abb.12, Ehe

IX. Sinnliches und Übersinnliches oder die Erdung des Himmels

Im Sinnlichen das Übersinnliche zu entdecken
ist der Schlüssel zur Neuen Welt.

Wir erkennen, „*Gott ist die Liebe*“, doch sie wird überhaupt erst durch die körperliche Liebe wirksam geerdet. Wie kann denn sonst Gottes Liebe unseren feinstofflichen und feststofflichen Leib durchlichten und umgestalten, wenn wir uns IHM nicht öffnen und in unseren Körper aufnehmen und leben?

Die Pflanzen machen es uns vor, die über ihr Blattgrün (*Chlorophyll*) das Licht mit der Materie (*Wasser & Kohlendioxyd*) verbinden und den Zucker bzw. die *Süße des Lebens* entstehen lassen. Es gilt, sich einer menschlichen Photosynthese hinzugeben, die Geist und Leib durch die Seele verbindet und endlich zur Süße der Einswerdung vereint, wenn unser Eigenwille in SEINEM Willen aufgeht .

Abb.13, Erkenntnis des Menschseins

Erkenntnis

Dein Leib ist der Schlüssel zu Gott
denn ER will mit dir
darin wohnen.

Seit Jesus Christus ist uns der Weg wieder eröffnet worden, Sinnliches mit Übersinnlichem zu verbinden, wofür es ein wunderbares Beispiel der Heilung eines Blindgeborenen im Joh.-Evangelium (*Joh.9,1-39*) gibt. Jesus konnte ihn sehend machen, da er im Voraus erkannte, warum dieser blind geboren war. Die Jünger wollten zuvor wissen, welche Sünden die Ursache seiner Erblindung waren und Er antwortet ihnen: „*Weder er, noch seine Eltern haben gesündigt; vielmehr soll die göttliche Wirksamkeit an ihm in Erscheinung treten*“, und strich die mit Seinem Speichel angefeuchtete Erde auf seine Augenlider, was den Sehsinn des Blinden wieder erweckte.

Das war ein Schöpfungsakt und erinnert ungemein an Genesis 2, wo Gott den Menschen aus feuchter Erde erschuf und mit SEINEM Odem zum Leben erweckte.

In beiden Fällen spielen Feuchtigkeit und Erde eine entscheidende Rolle, weil die Erde für den sinnlichen Leib steht (*alle Materie ist Gottes Leib*) und das Wasser oder die Feuchte Seines Speichels den Odem des übersinnlichen Geistes aufnimmt.

Dadurch konnte Er dem Blinden „die Augen öffnen“ und dieser erkennt, was Jesus abschließend zu ihm sagt: *„Die Blinden sollen sehend und die Sehenden ihrer Blindheit innewerden“.* Das offenbart die

„Doppelsinnigkeit“ unserer Sinne, die wir vereinen müssen, um *ganz* zu werden.

Jesus ist die einzige Brücke für uns, um *ganz* zu werden: *„Ich bin der Weg, die Wahrheit und das Leben; niemand kommt zum Vater, denn durch mich.“ Joh.14,6* oder anders ausgedrückt: *„Ich bin die Tür…“ Joh.10,9 (siehe Signatur des Einbandes).*

X. Die Spiegelbildlichkeit zweier Schöpfungsberichte

Es gibt im Alten Testament zwei Schöpfungsberichte, die sich spiegelbildlich zueinander verhalten. Der erste wird bezeichnet als **Genesis 1 oder 1.Mose 1**, der die *Erschaffung des Kosmos* und aller Geschöpfe der Erde schildert und jeden neuen Schöpfungstag mit dem Wort einleitet „*Und Gott sprach*". Deswegen man diesem Bericht den Beinamen „Wortschöpfung" gab. Dieser Bericht endet am sechsten Tag mit der Schöpfung des Menschen, (gleich als *Mann und Frau?),* nachdem alle anderen Geschöpfe schon erschaffen waren:

„Und Gott sprach: Lasset uns Menschen machen, ein Bild, das uns gleich sei, die da herrschen über die Fische im Meer und über die Vögel unter dem Himmel und über das Vieh und über die ganze Erde und über alles Gewürm, das auf Erden kriecht. Und Gott schuf den Menschen zu seinem Bilde, zum Bilde Gottes schuf er ihn; und schuf sie als Mann und Frau. (1.Mose 1,26-27). Und am 7.Tag hat Gott geruht.

Die untere Spitze des oberen Dreiecks berührt die obere Spitze des unteren Dreiecks, welches für **Gen 2 oder 1.Mose 2** steht. Hierbei geht es um die *Schöpfung auf der Erde*, denn das Ziel der Schöpfung (*im oberen Dreieck*) ist gleichzeitig der Ausgangspunkt für den androgynen ersten Menschen, erschaffen und geformt aus *Erde.* Alle weitere Schöpfung folgt stufenförmig nach ihm bis zur Erschaffung des ersten Menschenpaares, Adam und Eva, mit dem evolutionären Ziel der „Ein-Fleisch-Werdung" beider Geschlechter.

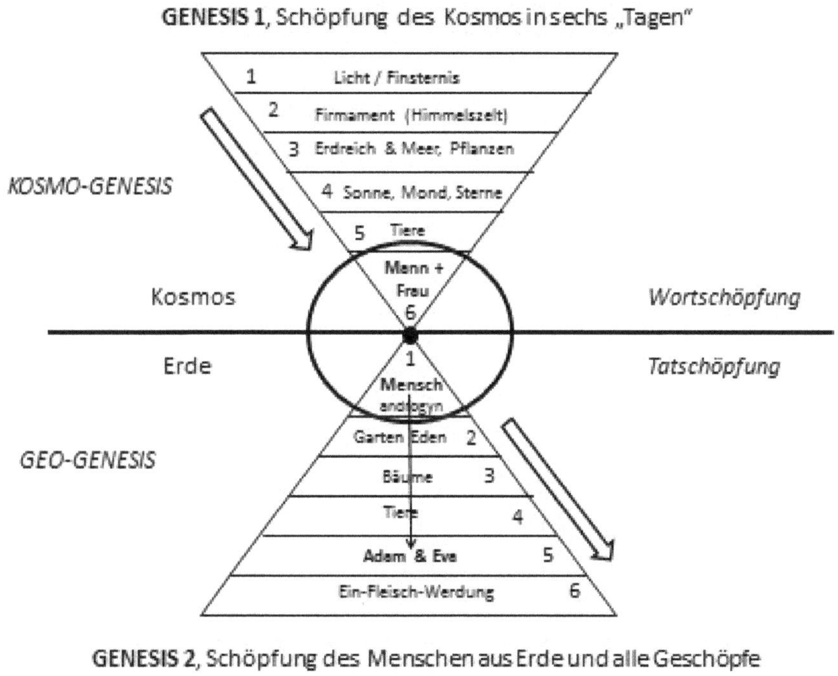

GENESIS 1, Schöpfung des Kosmos in sechs „Tagen"

1 Licht / Finsternis
2 Firmament (Himmelszelt)
3 Erdreich & Meer, Pflanzen
4 Sonne, Mond, Sterne
5 Tiere
Mann + Frau 6

KOSMO-GENESIS

Kosmos

Wortschöpfung

Erde

Tatschöpfung

1 Mensch androgyn
Garten Eden 2
Bäume 3
Tiere 4
Adam & Eve 5
Ein-Fleisch-Werdung 6

GEO-GENESIS

GENESIS 2, Schöpfung des Menschen aus Erde und alle Geschöpfe

Abb.14, Schöpfungsdreiecke

Der erste Schöpfungsbericht, als „Entwurf" des Kosmos, (Gen 1, Mose 1.1, *Kosmo-Genesis*), steht in Ergänzung zum zweiten Bericht (Gen 2, 1.Mose 2, 21 -25), der wie eine „Ausführung" des ersten auf der Erde (*Geo-Genesis*) erscheint und den Beinamen „*Tatschöpfung*" erhielt. Der Mensch wird von Gott aus Erde geformt und mit SEINEM Odem zum Leben erweckt: „*Da machte Gott der HERR den Menschen aus Staub von der Erde und blies ihm den Odem des Lebens in seine Nase. Und so ward der Mensch ein lebendiges Wesen.*"*1.Mose 2,7.*

Und an der Spitze des Organismus Erde steht der androgyne Urmensch noch auf der nackten Erde: „*Und alle die Sträucher auf dem Felde waren noch nicht auf Erden, und all das Kraut auf dem Felde war noch nicht gewachsen. Denn Gott der Herr hatte noch nicht regnen lassen auf Erden, und kein Mensch war da, der das Land bebaute" (1.Mose 2,5).*

Erst danach erschuf Gott den Garten Eden, die Bäume, die Tiere, und schließlich wurde der androgyne Mensch vom Schöpfer aufgeteilt in Mann und Frau (*was MARTIN LUTHER mit „Mann" und „Männin" übersetzt hat*).

„Adam", der erste, noch androgyne Mensch, bedeutet hebräisch: *„Erdling", (von der Erde genommen).* Der Ur-Mensch wird im Brennpunkt von Geist und Stoff erschaffen, denn er verbildlicht Gott, in dem alles EINS ist, als Geist und Materie in Einheit.

Dort, wo sich die beiden Schöpfungs-Dreiecke an den Spitzen berühren, steht der Mensch auf **beiden** Seiten, oben als „Wort" und unten als „Fleisch", Er ist die Brücke zwischen der Geistigen Welt (*Wortschöpfung*) und der irdischen Welt (*Tatschöpfung*).

Doch das letzte Schöpfungsziel, an der Basis des unteren Dreiecks, ist die *„Ein-Fleisch-Werdung" von Mann und Frau als eine vollkommen neue Definition von „Androgynität" eines vereinten Menschenpaares durch Agape.* Das bedeutet, dass Mann und Frau, als selbstbewusstes Paar, durch die körperliche Liebe, auf ganz neue Weise in sich selbst, miteinander und mit Gott vereint, wieder in der Liebe Gottes stehen!

Gott versteht sich hier als MENSCHEN-PAAR!

Die Evolution beginnt mit der göttlichen Androgynität des ersten Menschen und vollendet sich in dem verschiedengeschlechtlichen Menschenpaar, als *männlich-weibliches Ein-Fleisch-Sein* zu SEINER MEBSCHWERDUNG.

Das gilt auch für den Einzelmenschen, egal ob Mann oder Frau, der beide göttliche Anteile jeden Geschlechts *(männlich* ***und*** *weiblich)* in sich trägt, in seinem Leib (*das Fleisch)*, in dem er mit dem Wort Gottes in der leiblichen Liebe vereint ist!

Abb.15, Einssein

Der Mensch ist ein Doppeltes, ist *Bios (Lebewesen)* und *Logos* (*Wort Gottes*), was in der Bezeichnung *„Bio-log-ie"* so wunderbar sichtbar wird. Und da der Mensch ein Mikrokosmos ist, der alle Elemente des großen Kosmos in sich vereint, bezeichnen wir ihn auch als BIOKOSMOS MENSCH, denn er ist die Ur-Form aller Schöpfung.

Mit der Entwicklung der Menschheit nach dem sog. „Sündenfall“ und der Austreibung aus dem Paradies (*Gen2-3*), divergiert die Schöpfung mehr und mehr in „Himmel“ und „Erde“, in reinen Geist und zunehmende Verdichtung der Materie. Die Verbindung beider Welten im Menschen scheint mehr und mehr verloren zu gehen. Doch der Gott Israels *Jahwe* gibt SEINEM auserwählten jüdischen Volk die zehn Gebote durch Moses und begleitet es durch ihre Geschichte (*Altes Testament*) und vor allem durch die Propheten. Die Geburt Jesu und Seine Taufe im Jordan, ist der Wendepunkt der Evolution des Menschen, (als) die *„Niederkunft“ des Schöpfergottes,* seine *Menschwerdung, als Abstieg des Himmels. (siehe Abb.16)*

Das wiederum bewirkt gleichzeitig den *Aufstieg der Erde* als die kosmische Wende, die, wie es ADAM DWORZYNSKI bezeichnet hat, in *„die Endstufe der Evolution der Menschen*“, übergeht (*Die Logos Tat ICH BIN, Bd.II, S.27)*. Durch das Wirken von Jesus Christus erwacht die Rückbindung an den Schöpfergott in uns selbst und durchlichtet zunehmend den Egoismus und die Dunkelheit des einseitigen Materialismus. Aber das Umdenken ist begleitet von Kriegen und vielen Katastrophen, die uns aufwecken sollen (*siehe die Offenbarung des Johannes*).

Wir sind am Wendepunkt der Evolution der Menschheit zur Einswerdung von Geschöpf und Schöpfer, in selbstbewusster Entscheidung und Hingabe, angekommen. Unser vorgezeichneter Weg ist die Vereinigung unseres individuellen geistigen Engels, unseres Wesens, unseres Höheren Selbst, als der göttliche Teil unserer Person. Dies geschieht durch die freie Hingabe unseres leib- und seele-bezogenen Selbst oder Egos an IHN.

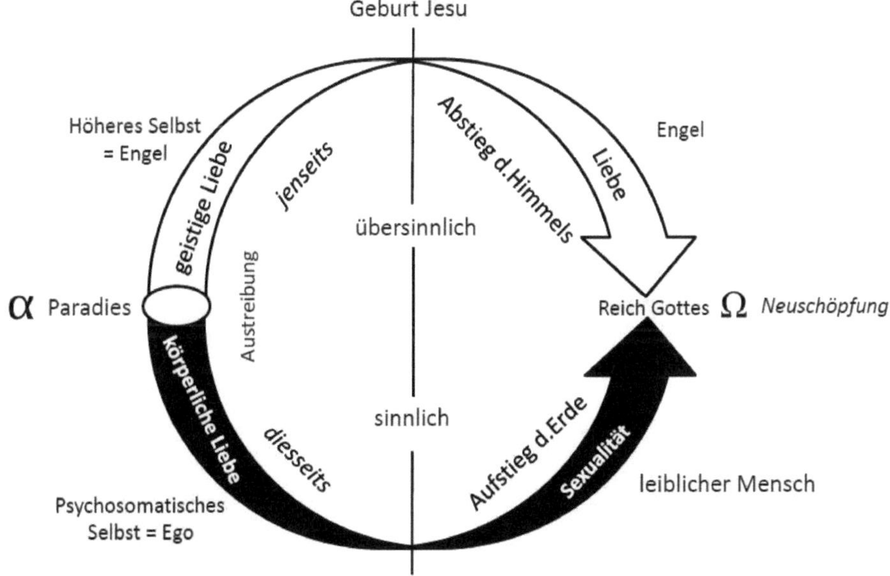

Abb.16, Evolution

XI. Die schöpferische Evolution des Menschen

Dieser Ur-Mensch, den die jüdische Weisheitslehre, die Kabbala, als „Adam Kadmon“ *(= ursprünglicher Mensch)* benennt, gilt in den verschiedensten Mythologien anderer Kulturen als ein den ganzen Kosmos ausfüllender Riese, aus dem alle weitere Schöpfung hervorging. Zu Beginn der Apokalypse des Johannes offenbart sich Jesus Christus als *Schöpfergott*: *„Ich bin – das Alpha und Omega, der Urbeginn und das Ziel“ spricht Kyrios, der gewordene Gott, der Wesende, Gewesene, Kommende, der Machtvolle überall und in allem. Apk.1,8.*

Das bedeutet: Gott ist *werdend, sich entwickelnd, ist die Evolution SEINER SELBST*. Diese vollzieht sich im gesamten Kosmos mit all SEINER Schöpfung vom Punkt Alpha, dem Urbeginn, bis zum Punkt Omega, dem Ziel, als SEINE MENSCHWERDUNG in leiblicher Verkörperung, als der Logos Jesus Christus auf Erden.

Bezüglich der Herkunft des Menschen, folge ich der wissenschaftlichen Abstammungslehre von de FRANCOIS DE SARRE (*Die Theorie der ursprünglichen Zweifüßigkeit - Ein phylogenetisches Modell zur Entwicklungsgeschichte des Menschen, der Säuger und der übrigen Wirbeltiere*) und den Ausführungen von ANDREAS DELOR (*Der Mensch als Ursprung aller Dinge - Gleichklänge zwischen Esoterik und Wissenschaft*), die die Angaben zur Evolution des Menschen von RUDOLF STEINER (*Die Geheimwissenschaft im Umriss*) untermauern (*siehe Literaturangaben*).

DELOR gibt einen einleuchtenden Überblick zur Stimmigkeit der Abstammungslehre der beiden o.g. Autoren, die den Wahrheitsgehalt der biblischen Schöpfungsberichte zur Entwicklung des Menschen bestätigen. Die Abstammungslehren von CHARLES DARWIN (1809 – 1882) und ERNST HEACKEL (1834 – 1919) mit seinem *Biogenetischen Grundgesetz (1866),* dass der Mensch letztlich von den höchstentwickelten Menschenaffen (*Hominiden*) abstammt, sind auch bis heute die am meisten verbreitete Lehrmeinung, auch unter den Naturwissenschaftlern. Beim Vergleich der beiden grundlegenden unterschiedlichen Lehren kann man zwei ganz verschieden Ansätze erkennen:

1. Ansatz: Die *Abstammungslehre von DARWIN und HAECKEL basiert auf der biologischen Stammesgeschichte* (*Phylogenese*) des Erscheinens der Tiere im Laufe der Erdgeschichte durch Fossilienfunde, wobei der heutige Mensch als (*Homo Sapiens*) zuletzt erscheint. Diese Reihenfolge des Erscheinens der Geschöpfe folgt in etwa der Schöpfungsgeschichte in **Genesis 1** *(oberes Dreieck).*

2.Ansatz: *Die Abstammungslehre auf Basis der Geisteswissenschaften,* vor allem durch R.STEINER, beruht darauf, dass der Mensch, als das Urbild im Zentrum der Evolution und Stammesgeschichte steht, jedoch Fossilienfunde der Arten und auch der frühen Menschen zunächst nicht möglich waren, weil diese Geschöpfe im ersten Entwicklungsstadium noch zu weich gestaltet waren, um Knochenfunde zu hinterlassen. Das Schöpfungszentrum Mensch an der Spitze der Evolution, an der Spitze des Schöpfungs-Stammbaumes, geht aus dem rein Geistigen in die Feinstofflichkeit über (Gen.2) und verdichtet den feinstofflichen Leib zu Flüssigem und Gelartigem, was keine haltbaren Fossilien in der noch weichen breiartigen Erdkruste hinterlassen konnte. Daher liegen keine derartigen Funde vor, die die Zusammenhänge aufzeigen könnten. Zum

Vergleich: ein menschlicher Embryo bzw. Fötus hinterlässt ebenfalls keine Fossilien. Dazu braucht es ausgereifte harte Knochen.

Nur schon spezialisierte und verhärtete Seitenzweige des Stammbaumes mit Pflanzen, Tieren und frühen Menschenrassen (*z.B. die Neandertaler*), hinterlassen ihre Spuren als fossile Knochen und Zähne in verhärteten Gesteinsschichten im betreffenden Erdzeitalter.

Demnach ist der Mensch von Anfang an das zunächst übersinnlich-geistige Urbild der gesamten Schöpfung, als „*nach dem Bilde Gottes*" erschaffen. Im Laufe der Evolution in Erdzeitaltern kommt es zu stufenförmigen Verkörperungen von Mineralien, Pflanzen und Tierstämmen mit ihren Arten, als eine Form von „Ausscheidungen" aus dem Evolutionsstammbaum hin zur Menschwerdung des „Homo Sapiens" (*weiser Mensch*), dessen Endstufe wir erst erfüllt haben, wenn wir wirklich „göttlich weise" in allem geworden sind. Insofern hält die Schöpfung des Menschen noch an. Dieser Weg entspricht der Darstellung der **Genesis 2**, wo der Urmensch zuerst erscheint und nach ihm die ganze Schöpfung, die sich in der Erschaffung des getrenntgeschlechtlichen Menschenpaares erfüllt, mit der Endstufe der Evolution als „*Ein-Fleisch-Sein*". Aus dem androgynen Urmenschen, „Adam Kadmon", werden nach STEINER sowie den Funden und Datierungen der Fossilien der geologischen Forschung, stufenweise zunächst die Fische, dann die Amphibien und Reptilien, dann die Vögel und schließlich alle Säugetiere als Seitenzweige des Evolutionsbaumes herausgebildet. An der Spitze des Evolutionstriebes steht das göttliche Bildnis des Menschen, dessen Verkörperung sich *nicht* in irgendeiner Weise in seinen Eigenschaften und Fähigkeiten spezialisierte, wie bei den genannten Tierstämmen, die entweder gut schwimmen, klettern oder fliegen können. Sie alle haben sich vom Menschen entfernt, waren ihm aber ganz nah. Dies ist deutlich sichtbar in der Formgebung der *frühen tierischen Embryos* im Vergleich zu den menschlichen, die noch überraschend große Ähnlichkeiten aufweisen, sodass man sie als Laie auf den ersten Blick kaum voneinander unterscheiden kann.

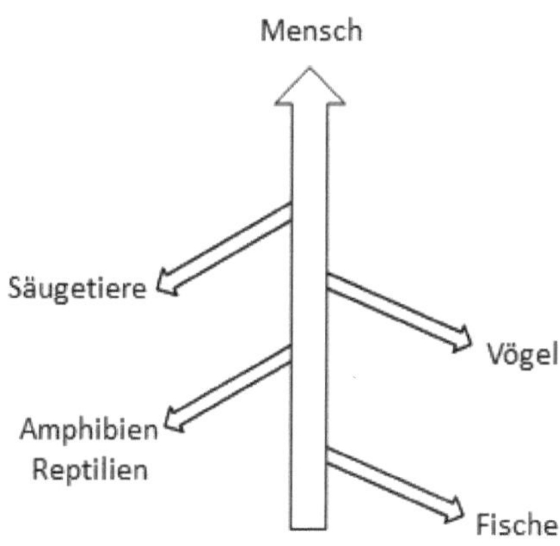

Abb.,17, Stammbaum der Evolution

In diesem Sinne kann sich eine höhere Entwicklungsstufe niemals von einer niederen ableiten, da diese bereits spezialisiert und verhärtet ist. Evolution verläuft von einer schöpferischen *Idee* zur Feinstofflichkeit, dann zum Flüssigen und Feststofflichen bis zur Verhärtung. Dabei verlieren die Zellen, Gewebe und Organe zunehmend in diese Richtung ihre Gestaltungsmöglichkeiten (*Omnipotenz*) als allmächtige Entwicklungsmöglichkeit für eine Höherentwicklung. Alles Niedere leitet sich so vom Höheren ab.

Mich erinnert der Evolutionsstammbaum als Biologe sehr an das Gipfelwachstum eines Pflanzensprosses in Form eines *Vegetationskegels*, an deren Spitze eine embryonale, sich stetig teilende „Scheitelzelle“ sitzt. Diese abgeteilten Zellen, teilen sich weiter und entwickeln sich dann zu Blättern und Seitentrieben, während die Scheitelzelle an der Spitze verharrt und stetig neue Blattanlagen nach unten abgibt. Dieses Sprosswachstum steht hier für den sich entwickelnden Menschen an der Spitze der Evolution, der alle Geschöpfe sowie auch alle Vor- und Frühmenschen als Seitenzweige abgegliedert hat, um zur endgültigen Blüte des Homo Sapiens zu kommen, die den Schöpfer verkörpern kann, wie es in Jesus geschehen ist.

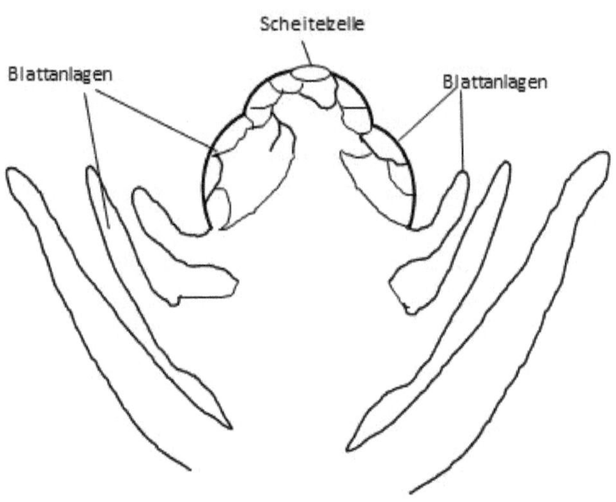

Abb.18, Vegetationskegel

Evolution

Was ist ein Stein? –
Ein Stückchen ruhender Gott.
Was ist eine Blume? -
Ein Stückchen blühender Gott.
Was ist ein Vogel?
Ein Stückchen singender Gott.
Und was ist der Mensch? -
Der Mensch ist ein Ganzes,
in dem ER sich in dir
in aller seiner Vielfalt
sich wieder selbst vereint.
und sich selbst begegnet.

So, wie der Schöpfergott den Menschen aus Erde (*Lehm*) erschafft und ihm SEINEN Odem einbläst, so macht auch ein Bildhauer seine Skulptur nach seiner schöpferischen Idee, nach seinem inneren Bild. Also ist jede Abstammung einer Skulptur eine *geistige, wobei der Ton oder Lehm die sichtbare und begreifbare Form trägt*!

Der Ur-Mensch, als „Scheitelzelle", ist die Verkörperung von Gottes Bild des Menschen, aus dem sich alle Schöpfung und alle Geschöpfe entfalten.

Und daraus entwickelt sich der *schöpferische* Mensch mit Kultur, Religion und Kunst in den verschiedensten Formen, bis hin zu den Bestattungsriten der verstorbenen Mitmenschen, weil man *glaubt* oder *weiß*, dass es ein geistiges Leben nach dem Tode im „Himmel" gibt.

Da der Mensch Gottes Ebenbild ist, als Mikrokosmos im Makrokosmos, ist auch die menschliche Keimesentwicklung (*Embryologie*) ein Spiegel der Entwicklung des Kosmos, des Alls. In Gen 1,1-10 heißt es:

„Am Anfang schuf Gott Himmel und Erde.
Und die Erde war wüst und leer, und Finsternis lag auf der Tiefe; und der Geist Gottes schwebte über dem Wasser. Und Gott sprach: Es werde Licht! Und es ward Licht. Und Gott sah, dass das Licht gut war. Da schied Gott das Licht von der Finsternis und nannte das Licht Tag und die Finsternis Nacht. Da ward aus Abend und Morgen der erste Tag. Und Gott sprach: Es werde eine Feste zwischen den Wassern, die da scheide zwischen den Wassern. Da machte Gott die Feste und schied das Wasser unter der Feste von dem Wasser über der Feste. Und es geschah so. Und Gott nannte die Feste Himmel. Da ward aus Abend und Morgen der zweite Tag. Und Gott sprach: Es sammle sich das Wasser unter dem Himmel an einem Ort, dass man das Trockene sehe. Und es geschah so. Und Gott nannte das Trockene Erde, und die Sammlung der Wasser nannte er Meer. Und Gott sah, dass es gut war.“

Die *Erde* ist mit dem ersten Schöpfungstag hier gleich benannt zusammen mit dem *Himmel* und die *Polaritäten* setzen sich fort mit „*Finsternis & Licht*“, mit „*Geist & Wasser*“ sowie mit „*Abend & Morgen*“. Bemerkenswert ist, dass *die Finsternis noch vor der Erschaffung des Lichts existierte.*

Licht als Licht
erkennt sich erst in der Dunkelheit -
ist sein Spiegel.

In Dunkelheit entwickelt sich auch der menschliche Keim im Mutterschoß, alles in einem noch flüssig gehaltenen Zustand. In der Entwicklung der Embryonalanlage spiegelt sich die Erschaffung des Kosmos, denn es heißt: *„Es werde eine Feste zwischen den Wassern, die da scheide zwischen den Wassern. Da machte Gott die Feste und schied das Wasser unter der Feste von dem Wasser über der Feste“ Gen 1,6-7.* So entwickelt sich auch die eigentliche Keimanlage (*Embryonalanlage*) des Menschen, wo das *„festere“* Gewebe (*die „Feste“*) der spätere eigentliche Embryo ist, umgeben vom Wasser der *Fruchtblase,* die für unser „Himmelsfirmament“ steht vom Wasser unterhalb der Embryonalanlage, vom *Dottersack (siehe Abb.19).* Mit zunehmender Entwicklung geht der flüssige bzw. wässrige Zustand der Embryonalanlage in festere Gewebe und Organanlagen über: *„Es sammle sich das Wasser unter dem Himmel an einem Ort, dass man das Trockene sehe. Und es geschah so. Und Gott nannte das Trockene Erde, und die Sammlung der Wasser nannte er Meer.“* Diese Schöpfungsgeschichte kann man auch als Embryologie des Himmelskörpers Erde bezeichnen.

Mit zunehmender Resorption der Dottersack-Blase (*„Wasser unter der Feste“*), umgibt das Fruchtwasser der Fruchtblase *(„Wasser über der Feste“),* die Embryonalanlage ganz und gar (als *„Wasser unter dem Himmel“ als „Meer“, siehe Abb.20).*

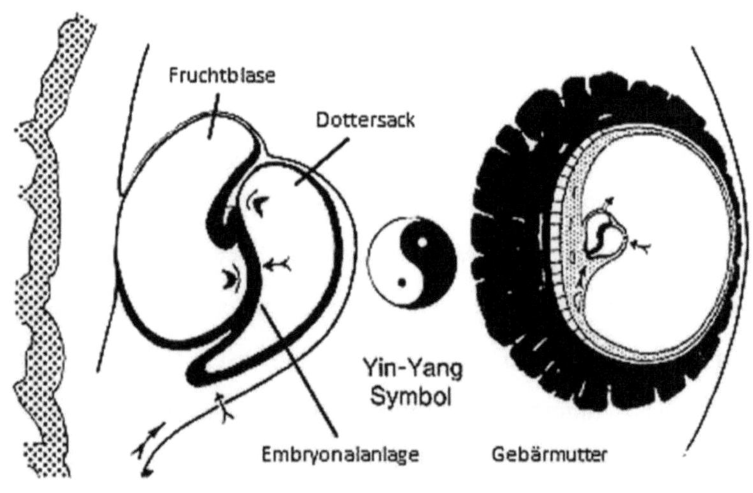

Abb.19, Embryonal-Anlage

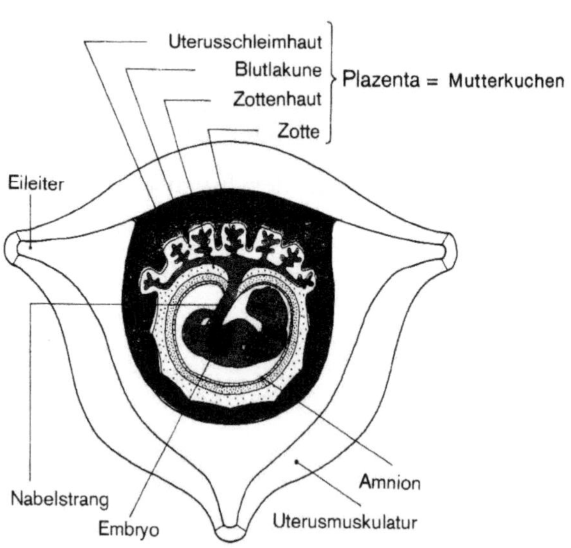

Abb.20, Menschlicher Embryo, 6 Wochen, 11mm

Die Kosmologie und Menschwerdung ist eine Verbindung von Geist und Erde durch die Liebe des Schöpfers. Das Evolutionsziel ist die Einheit von Geist und Materie, wie ja auch die gesamte Embryologie die Inkarnation des geistig-seelischen Wesens des Menschen im Fleisch ist. (*siehe auch D.Gümbel, Ganzheitliche Therapie mit Heil-Kräuteressenzen, Embryologie S.9 ff.*)

Der Ur-Impuls der Evolution von Mensch und Kosmos ist die Liebe des Geistes Gottes zur Erde, zum Körper, um EINS zu werden, um mit dem Menschen ein Fleisch zu sein! Der Geist Gottes verkörpert sich in uns.

XII. Der Sündenfall als Evolutionsimpuls

Gott erschuf die *mütterlich-materielle Welt* als erste Materie in Feinstofflichkeit, bis zur späteren Feststofflichkeit, die geformt und gestaltet wird durch die *väterliche geistige Welt* der Schöpfungsideen bzw. Schöpfungsbilder. Mit zunehmender Entwicklung der Leiblichkeit und der Materie, kam das einer *Polarisierung* dieser beiden Welten gleich.

Das *Selbst* des Menschen mit seinem *Selbst*-Bewusstsein entwickelt sich ganz anders, als es die Schlange Eva im Paradies zugeflüstert hatte. Sie verleitete Eva (*„Sobald ihr davon esst, gehen euch die Augen auf; ihr werdet wie Gott und erkennt Gut und Böse.", 1.Mose 2,5)* vom verbotenen Baum der Erkenntnis zu essen, um sehend und unterscheidend zu werden, doch der Preis war Tod, Drangsal und Not.

Der ganz andere Aspekt der Betrachtung dieses Geschehens ist jedoch, dass wir ja gerade auf dem Wege unserer menschlichen Evolution unterscheiden lernen sollen und wollen, was Gut und was Ungut ist und wie wir diese Spaltung durch die Liebe überwinden können. Diese Überwindung geschieht, indem wir mit dem Licht alle Dunkelheit des Unguten erst einmal erkennen und wahrnehmen, um sie dann anzunehmen und zu erhellen, *als Integration zur Ganzheit.* Und das dürfen wir nun frei entscheiden durch unsere Selbstentscheidung und Selbstbestimmung. Und am Ende unserer Entwicklung erfüllt sich die Lehre von Jesus, der uns auffordert, Ihm nachzufolgen, um Gott in uns zu gebären. Und hatte das nicht die Schlange voraussagt, wenn sie sagte:

… ihr werdet wie Gott …", und es erfüllt sich auch die Namensgebung Gottes für den „*Baum der Erkenntnis*", wenn es heißt:

„Dann sprach Gott, der HERR: Siehe, der Mensch ist wie einer von uns geworden, dass er Gut und Böse erkennt. Aber jetzt soll er nicht seine Hand ausstrecken, um auch noch vom Baum des Lebens zu nehmen, davon zu essen und ewig zu leben." Gen.3,22

Damit ist auch das Ungute als das werdende Gute in Gottes Evolutionsplan ganz integriert, denn es gibt nichts, was nicht von Gott erschaffen wurde. Auch das Dagegensein, der Widerstand, das Festhalten und das Nein gehören dazu, denn diese Versuchungen sollten und sollen eine Herausforderung für das selbstverantwortliche Werden des Menschen sein, um *Erlöser aus Selbstinitiative* aus diesen Drangsalen zu werden.

Somit ist das Widersacherhafte der *Motor der Evolution* des Menschen, das unsere geistige Entwicklung *fordert*, ohne die wir die Widerstände im Sinne einer *Erlösung* nicht überwinden können.

Erst wenn wir die verführerische Schlange, *die auch ein Symbol für die Sexualität ist*, in unser göttliches Wesen (*Höheres Selbst*) integrieren, erfüllt sich ihre Weissagung, dass wir „*werden wie Gott*", dass wir also GANZ werden wie ER uns ersann: *„Darum sollt ihr vollkommen sein, gleich wie euer Vater im Himmel vollkommen ist."* Matth.5,48.

Ohne dieses Widersacher-Element hätten wir also nicht diese Evolutionsschritte als Menschen machen können, so leidvoll, schrecklich und grausam das auch war und ist. Aber der Mensch hat mit seinem Geist und seiner Seele ja ein *ewiges Leben*, wechselnd im Diesseits und Jenseits. Jesus kam, um uns den Weg zu weisen, wie auch der Tod aus unserem

Leben ausgelöscht werden wird, wenn wir den Widerstand gegen den Schöpfer aufgeben.

Transformation

Nur der Mensch transformiert die Schöpfung
wenn er sie erspürt
und mit dem Herzen erkennt –
erkennt er den Schöpfer in allem –
erkennt er in aller Materie
SEINEN Leib
erkennt er in allen Gefühlen
SEINE Seele
erkennt er sich endlich selbst
mit allen Sinnen
als SEIN Ebenbild
dass sich mit IHM vereint
als
MENSCH.

XIII. Leibhafter Geist

Abb.21, Brunnengespräch

Jesus bittet eine Samariterin am Brunnen um Wasser, doch diese diskutiert mit Ihm, weil sie nicht akzeptieren kann, von Ihm, als einem Juden (die Juden pflegen im Allgemeinen keinen Umgang mit Samaritern), angesprochen zu werden und er diese Bitte auch noch an eine Frau richtet. Er sprach ihr daraufhin vom *lebenspendenden Wasser*, dass wenn er es gibt, man keinen Durst mehr bekomme, sondern *„die Labe, die Ich ihm gab, in ihm zum sprudelnden Quell eines Wassers wird, dass ins wesenhafte Leben fließt."* (Joh.4,14)

Die Samariterin spricht nur vom Brunnenwasser, aber Jesus weist sie auf das geistige Wasser Gottes hin, dessen Brunnen er selber ist, und der in jedem von uns als Quelle angelegt ist. Er bezeichnet diese Verbindung des physischen Wassers mit dem geistigen lebenspendenden Wasser als „*leibhaften Geist*“ *Joh-4,24.*

Schon zu Beginn Seines öffentlichen Wirkens, bei der Hochzeit zu Kana (*Joh.2,1-11*) verwandelte Er *Wasser in Wein*, zum Hochzeitswein als „leibhaften Geist“ und leitet damit die *Hochzeit von Himmel und Erde* ein. Um diese *Leibwerdung des Geistes* noch anders darzustellen, nehmen wir ein Beispiel von transparenten Edelsteinen. Was wären diese ohne das Licht_? Sie werden erst zu Edelsteinen durch die Lichtstrahlen, die sie *reflektieren* und sind uns ein *Bild* für die Verbindung von Materie und Geist. Dies entspricht auch unserem Werden als Mensch, wenn das Licht auch uns durchdringt, uns transparent und strahlend macht, um es zu anderen auszustrahlen in die Welt.

Abb.22, Bergkristall

XIV. Auferstehung, die Essenz des Christentums

Die zentrale Botschaft Jesu Christi, also des Christentums, ist die Überwindung des Todes durch die Wandlung Seines Leibes beginnend am Kreuz *(Joh.19,31-37),* was von Johannes detailliert beschrieben ist und dessen Bedeutung bis heute mehr erkannt ist. Da heißt es in Joh.19,33-34: „*Als sie aber zu Jesus herantraten und Ihn als einen Gestorbenen ersahen, zerschlugen sie Ihm die Gebeine nicht. Doch einer der Soldaten stieß mit der Lanzenspitze Seine Seite an, und sogleich floss Blut und Wasser heraus.*" Und das ist ja bei einem Erstorbenen nicht mehr möglich, denn dann gibt es keinen Blutkreislauf mehr, der über das Herz auch den Lymphfluss (*Wasser*) mit antreibt. Da mag etwas heraussickern, aber da *fließt nicht mehr zugleich Blut und Wasser heraus.* Und das ist für Johannes eine erste erschütternde Bestätigung für die Wandlung Seines Leibes, auf dass ihn sein Meister sicher vorbereitet hat, als Seine Überwindung des Todes. Und er führt weiter aus – nein er betont ausdrücklich wie sonst nirgendwo in seinem Evangelium: „*Und der das gesehen hat, der hat es auch vor den andren bezeugt, und seine Bezeugung ist ohne Falsch. Und er weiß es heute tief innerlich, dass er stets nur Wahres sagt, und dass auch ihr nur durch solche Aussage in das Trauen kommen könnt*".

Das ist eine wahrhaft eindringliche Beschreibung eines kosmischen Geschehens, das Johannes nachdrücklich betont. Er erkennt: so etwas hat es bisher noch nie gegeben, das ist die Bestätigung Seiner Ankündigung. Zugleich ist dies ein Zeichen dafür, dass Jesus zwar in eine tiefe Agonie verfiel, aber lebenserhaltende Organfunktionen doch noch erhalten blieben, um eine Umwandlung des Leibes zu ermöglichen, weshalb Johannes auch nie die Begriffe „Tod“ oder „Gestorben Sein“ für Jesus in seinem Evangelium verwendet hat. *Nur Lebendiges, nur der lebende Leib kann umgewandelt werden, der wirklich tote nicht mehr.*

Es gilt, den Willen Gottes zu erspüren und zu erfüllen, wie Jesus uns das gelehrt hat. ER hat durch die Einswerdung des Leibes mit dem göttlichen Geist, als „*leibhaften Geist*“, eine neue Verwandlung zu Lichtmaterie im Auferstehungsleib, *verkörper*t. Der Jünger Thomas konnte ja die Wundmale des Auferstandenen ertasten, wozu er von Jesus aufgefordert wurde (*Joh. 20,27*). Das beweist die Körperlichkeit (*Materie*) Seines Auferstehungsleibes, der gleichzeitig auch Lichteigenschaften hatte, denn Er „*tritt bei verschlossenen Türen herein*“!

Abb.23, Ostermorgen

Johannes bezeichnet diese neue Leibessubstanz des Auferstandenen als *„Pneuma" (Hauch aus Lichtmaterie),* die uns Jesus nach der Himmelfahrt im gesamten Erdkreis hinterlassen hat und die bleibend wirkt. Seine Pneuma-Schwingung mit Seinen Worten regt uns zur Einswerdung von Leib, Seele und Geist an, sodass wir dann einst nicht mehr dem Tode unterworfen sind, *weil der Tod stirbt.*

Noch bevor Jesus Lazarus vom Tode auferstehen ließ, rief er deren Schwester Martha zu: „*Ich bin die Auferstehung und bin das Leben: wer in Mich sein Trauen setzt wird leben, auch wenn er scheidet von hier; und jeder, der lebt und trauet mir, wird nimmermehr zurücksinken ins ewige Sterben. Kannst du es so annehmen?" Joh.11,25-26*

Und Jesus selbst legte durch Seine Auferstehung nach der Kreuzigung mehrfach Zeugnis beim Erscheinen vor Seinen Jüngern von dieser göttlichen Wandlung Seines Leibes ab. Die Vereinigung Gottes liebenden Geistes mit unserem Leib, führt uns stufenweise in die Überwindung des Todes, wenn sich in uns Himmel und die Erde zum ewigen Leben vereinen.

Und es ist eine Frau, eine Nachkommin der paradiesischen *Eva,* die Jüngerin Maria-Magdalena, die die Schlüsselperson für die Wahrnehmung und Überbringung der Botschaft des kosmischen Ereignisses der Auferstehung Jesu am Ostermorgen ist. Gibt es Größeres, als die erste Zeugin für Seine Umwandlung des Leibes in Licht und Fleisch zu sein, die eine kosmische Wende in der Evolution der Menschheit darstellt?

Verwandlung

Den Geist ernährt die Materie
und erfährt schwebende Schwere.
Die Materie nährt sich vom Geist
und erfüllt wird die Leere.
Das Ganze formt sich –
vereint was getrennt
entflammend ein ewiges Feuer
das lichtvoll in uns brennt.

XV. Das cosmozentrische Weltbild

In Apk.1,17 heißt es: *„Ich bin – der zuerst Gewordene und zuletzt noch Werdende."* Und diese Aussage wird ganz zum Schluss noch einmal betont:

„Ich bin das Alpha und das Omega, der Erste und der Äußerste, der Urbeginn und das Ziel" Apk.22,13.

Jesus Christus ist der Schöpfergott, der Logos, der kosmische Ur-Mensch, der auf der Erde Mensch geworden ist im Fleische.

Das *cosmozentrische Weltbild* sieht den Menschen im Zentrum der Schöpfung als Mikrokosmos im Makrokosmos. Um die Erde in ihrer Bedeutung für die Evolution des Kosmos zu begreifen, braucht es eine vereinte Sichtweise des Physisch-Sinnlichen mit dem Geistig-Übersinnlichen:

Kosmische Relativität

Die Erde dreht sich um sich selbst
wie das Ego
aber zugleich steht sie auch still
weil der gesamte Kosmos sich in vierundzwanzig Stunden
einmal um die Erde dreht.
Beides ist wahr – beides geschieht gleichzeitig -
je nach ***Standpunkt*** *des Beobachters –*
ist es die Sonne
oder ist es die Erde, auf der du stehst
auf der der Schöpfer des Kosmos geboren wurde
als
MENSCH.

Das verlangt die Frage: Was ist dein ***Standpunkt*** oder wo ist er? Und da kann ich ALBERT EINSTEIN zur Bestätigung anführen, der aus Sicht der Relativitätstheorie keinen Mittelpunkt des Kosmos festlegen kann, denn dieser ist immer dort, wo sich der jeweilige Betrachter befindet oder was dieser als Bezugspunkt nimmt. So gesehen gibt es unzählig viele Mittelpunkte des Weltalls und wenn ein Weltbild postuliert wird, ist nur darauf zu achten welches der Standort des Beobachters ist. Entscheidend ist jedoch die Frage nach dem geistigen Standpunkt: *Wo ist das Zentrum des Menschseins?*

Wenn wir also, wie bisher allgemein gültig, die Sonne als Zentrum unseres Planetensystems nehmen (*Heliozentrisches Weltbild*), um die sich alles dreht, dann ist das ein *Weltbild* vom *Standpunkt der Sonne* aus gesehen. Doch der *Standpunkt als Mensch* ist *die Erde* und nicht die Sonne! Und wir sehen mit unseren Augen, wie sich der Himmel mit Sonne, Mond, Planeten und allen Gestirnen um uns und unsere Erde dreht. Wir Menschen sind doch auf der Erde die einzigen Beobachter und sind damit der bewusstseinsmäßige Bezugspunkt des gesamten Kosmos.

Menschwerdung

Die Erde ist kein Planet
sondern d e r Himmels-Körper
als Brennpunkt des Kosmos
in dem Gott sich inkarniert
in uns als
MENSCH.

Und im Zuge der modernen Weltraumforschung und den Entdeckungen der wissenschaftlichen Astronomie, die uns bewegende Bilder der Erde bescheren, braucht es zur Ergänzung – braucht es zum GANZEN - die Astro-*logie*, die mit dem *Logos* verbunden sein sollte, um zu erkennen, dass wir den Bezug zur Gegenwart verlieren, wenn wir uns auf Lichtjahre von uns entfernten Sonnen, Sternen und Planeten konzentrieren und nicht mehr das menschliche Elend und die ökologischen Katastrophen mit anhaltendem Artensterben verhindern helfen. Auch hier braucht es die Verbindung des Sinnlichen mit dem Übersinnlichen.

Vom Sinn des Seins

Der Mensch sinnt
über den Sinn des Seins
mit allen seinen Sinnen
und schaut die Schöpfung -
schaut in den Himmel über sich -
schaut Sonn' und Mond
und weit entfernte Sterne.

Was schaut er denn – wohin?
in die Vergangenheit -
die sich als Gegenwart entfernte
mit Lichtgeschwindigkeit
Lichtjahrtausende entfernt von ihm.

Schaust du aber dich
und alle SEINE Schöpfung
um dich herum -
schaust du die Gegenwart
die du selber bist – denn:

Nur in der Gegenwart ist Gott
und durch deine Augen
blickt ER schauend -
als SEIN

Augen-blick.

Der Mensch – nach Seinem Bilde – steht im Zentrum der Evolution und des Kosmos und gibt der Erde ihre Bedeutung als Dreh- und Angelpunkt der geistigen sowie der physischen Welt. Die Erde ist der Ort, der beides, Himmel und Erde in uns Menschen vereinigt.

So bekommt die Erde eine göttliche Bedeutung als „*Himmels*-Körper“, denn sie ist kein Planet, sondern der gesamte Kosmos dreht sich um sie. Die Erde ist eigentlich, wie die wissenschaftliche Geologie nachgewiesen hat, eine *erkaltete Sonne*, weil der feurig-flüssige Erdkern eine größere Temperatur aufweist, als unsere Sonne am Himmel.

Die Erde steht, der Kosmos dreht. Das hat schon HILDEGARD VON BINGEN so geschaut und detailliert beschrieben und begründet, zuletzt eindrücklich nachgewiesen auf Basis der Wissenschaft durch HELMUT POSCH (*Das wahre Weltbild nach Hildegard von Bingen*).

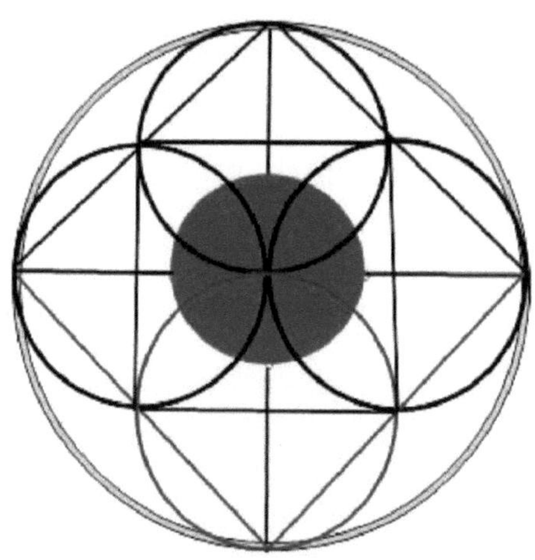

Abb.24, Cosmozentrum Erde

Es dreht sich alles um die Menschen, deren Schöpfer wieder eins mit ihnen werden will.

Wenn wir die sinnliche mit der übersinnlichen Anschauung verbinden, haben wir die ganze Wahrheit.

Sinnlich erleben wir die Welt, wenn wir mit dem Sehsinn die Bewegungen der Sterne, der Sonne und des Mondes am Himmel wahrnehmen und *übersinnlich* werden wir uns bewusst, dass *Gott, der den Kosmos erschuf, hier Mensch geworden ist.* Wenn wir also beides miteinander in uns verbinden, dann erkennen wir, dass die Erde kein Planet sein kann, sondern das Zentrum des Alls ist.

XVI. Neuschöpfung durch Überwindung der Polarität

Seit der Austreibung aus dem Garten Eden leben wir in einer Welt der Polaritäten von Mann und Frau, von Himmel und Erde, von Geist und Materie, von Gut und Böse, von positiv und negativ. Die Botschaft von Jesus war und ist, beides wieder zu vereinen, denn nur so entsteht das Ganze und Gott will wieder das GANZE als Himmel auf Erden sein.

Wie können Gegensätze verbunden werden und was passiert dann? Zunächst erzeugen Gegensätze Spannungen, bei gegensätzlichen Ansichten, Entscheidungen oder Ausrichtungen. Physikalisch-elektrisch drückt sich das in Plus- und Minus-Ladung aus, was Energie in Form von Strom fließen lässt. Es gibt ein Beispiel aus der Farbenlehre, wo wir es mit sogenannten Komplementärfarben zu tun haben, das sind vereinfacht die *blauen, himmlischen und kühlen Farbtöne* gegenüber den *roten, irdischen und warmen* Farbtönen. Es sind aber ganz bestimmte Farbenpaare, die sich zu weißem Licht ergänzen, also ein Ganzes geben, denn im weißen Licht sind alle Farben enthalten. Das bedeutet z.B. bei den Lichtfarben, wenn man die Farbe Türkis mit einem roten Farbstrahler überblendet, dass dann keine neue Farbmischung entsteht, sondern weißes Licht. Die komplementäre Farbpaarung ist folgende:

- rot + türkis = weiß
- orange + blau = weiß
- gelb + violett = weiß
- grün + magenta = weiß

Hier verbinden sich Lichtfarben zur Ganzheit des weißen Lichtes (*bei Pigmentfarben zu schwarz*).

In dieser naturwissenschaftlichen Tatsache offenbart sich, dass die Ganzheit des weißen Lichtes, aus der alle Farben hervorgehen, wieder aufleuchtet, wenn sich eine blaue himmlische Lichtfarbe mit einer bestimmten roten irdischen Lichtfarbe verbindet.

Das Taiji-Symbol (*Abb.5*), kann man mit einem Komplementärfarbenpaar ausstatten, wie z.B. YIN = rot und YANG = türkis, die zusammen weiß ergeben, wenn sie sich vermischen. Das geht auch mit dem schwarz-weißen Taiji, denn bei Verschmelzung beider Seiten bildet sich kein grau, sondern alles wird weiß, weil das Licht alle Dunkelheit zum Verschwinden bringt. Licht und Farbe ist definiert in Frequenzen, also durch die Schwingungen pro Sekunde. So entspricht jede Farbnote einer exakten Frequenz, gemessen in Wellenlängen in Nanometern (*nm*) oder als Schwingung pro Sekunde in Hertz (*Hz*). Es kommt also auf die *Ergänzungsfähigkeit* der Gegenfarbe an, ob die Ganzheit in weiß erscheint oder nicht. Andere Farbpaarungen, als die oben genannten, ergeben nämlich nicht weiß, sondern eine(n) Farbmischung.

Es geht also um die *gegenseitige Ergänzungsfähigkeit* von Polaritäten, die in Resonanz zum göttlichen GANZEN kommen müssen, um EINS zu werden. Der Weg dorthin ist die Einsicht und Erkenntnis, dass man alleine mit seiner Einstellung nicht das Ganze ist oder vertritt, sondern nur die Hälfte ist, zu dem eine andere Wahrheit oder Hälfte der Polarität gehört. Und diese Polarität haben wir in uns einerseits als Selbst und andererseits als Höheres Selbst, oder als Ich und höherem ICH, die sich befruchtend und ergänzend in uns durchdringen, weil sie komplementär zueinander sind und *einst* das GANZE ergeben.

Gott und Mensch sind komplementär, weil sie das GANZE sind!

Auch Mann und Frau können nur das GANZE durch die Liebe werden. Und Liebe ist die Substanz Gottes. Da wären also drei Dinge: der Mann, die Frau und der liebende Gott. Nur diese drei können wahrlich EINS werden.

Die Einswerdung kann man sich auch als physikalisches Denkmodell vorstellen, wenn wir z.B. ein Atom betrachten, das zum Einen einen positiv geladenen Kern durch die Protonen hat, die die Masse zusammen mit den neutralen Neutronen darstellen, und zum Anderen eine negative Ladung der ihn umkreisenden negativ geladenen Elektronen. Wenn das Verhältnis dieser unterschiedlichen Ladungsteilchen nicht ausgeglichen, also nicht neutral ist, kann es als Atom nicht mehr bestehen. Dann gelangt es in einen positiv oder negativ geladenen Zustand und wird zu einem Ion, welches die Bindungsmöglichkeiten zu anderen geladenen Atomen beeinflusst und bestimmte Moleküle entstehen lässt.

Im Atom finden wir noch eine weitere *Polarität*: einerseits die *Bewegung* der Elektronen und andererseits die *Ruhe* des Kerns, zusätzlich zur gegensätzlichen Ladung von *plus* und *minus. Ein Atom existiert im Spannungsfeld von positiver Ruhe und negativer Bewegung.*

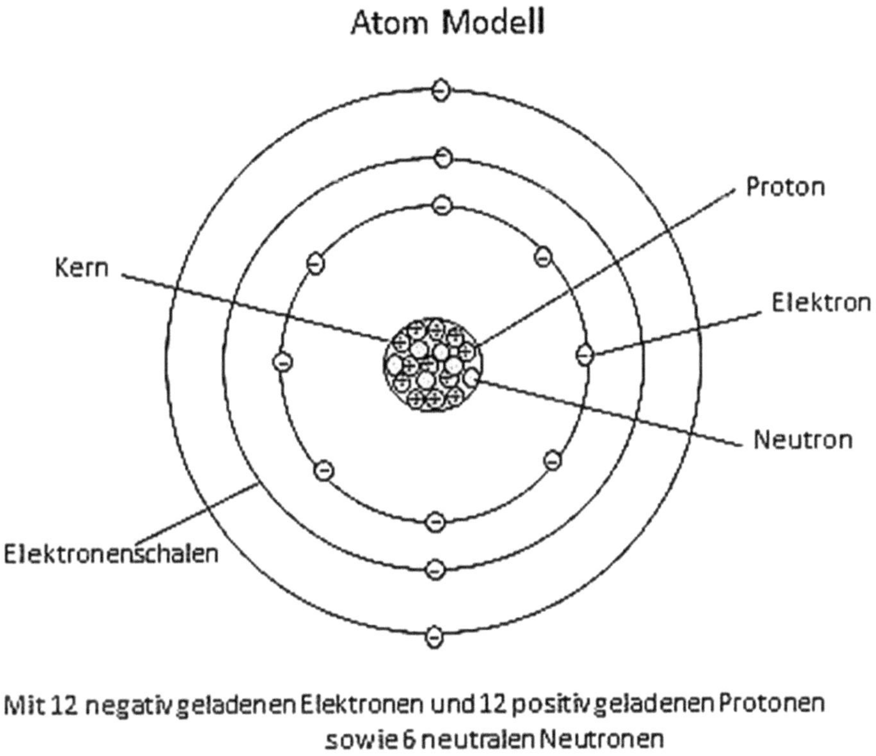

Abb.25, Atom Modell

Führen wir nun das Gedankenexperiment einmal weiter: Was passiert bei der Vorstellung, dass sich diese Polaritäten auflösen würden, wenn sich die extrem hoch schwingenden negativen Elektronen mit dem massiven positiven ruhenden Kern vereinen? Das würde doch bedeuten, dass eine ungeheure Energie in die Masse (*Materie*) käme, wodurch sich ihre Schwingung enorm erhöhen würde und diese vielleicht zu leuchten begänne, oder gar schwerelos und unsichtbar würde, je nach Schwingungsstärke. Wäre das die Einheit aus Licht und Materie zu *Lichtmaterie und wäre* das ein Vorstellungsmodell für den

Auferstehungsleib Jesu als Sein Pneuma, den Er schon auf dem Berg Tabor (*Verklärung Jesu, Lukas 9,28-36*) und auf dem See Genezareth als über dem Wasser laufend (*Joh.6, 16-21*) den Jüngern offenbart hat?

Das würde bedeuten, dass wir lernen können, Widersprüche, Gegensätze und alle Polaritäten, seien sie geistig, seelisch oder körperlich, durch Liebe vereinen können, um ganz MENSCH zu werden, wie Jesus es war und ist. Und das erschafft eine neue Naturgesetzlichkeit, die sich in der Leiblichkeit von uns Menschen offenbart, die nicht mehr nur Natur ist, sondern *fleischliche Natur und Geist in EINS.*

Das erinnert an die Offenbarung des Johannes in Apk.21,3: *„Und eine machtvolle Stimme drang vom Throne her an mein Ohr: "Siehe das Zelt des Gottes inmitten der Menschen! Er wird in ihnen wohnen, und sie werden seine Sippen sein, und Er, der Gott, wird Wesen in ihnen. Die letzte Träne wird Er wegwischen von ihren Augen. Ausgelöscht ist der Tod, verstummt sind Trauer und Wehgeschrei, und der Schmerz ist nicht mehr, denn das Frühere ist vergangen, und der Thronende hat kundgetan: „Siehe, Ich schaffe alles neu!".*

Und hier passt wieder das schon zitierte geheime Wort von Jesus zur Einswerdung der *Polaritäten von Mann und Frau*, dass wir zuvor schon als Antwort auf die Frage der Salome erhalten haben, wann Er denn wiederkommt:

„Wenn ihr die Hüllen der Scham mit Füssen tretet, und zwei Eins sein werden, und das Äußere wie das Innere, und das Weibliche mit dem Männlichen zusammen weder Männliches noch Weibliches." Clemens *Alex.Strom.III,13,92.*

Das bedeutet die Erfüllung der Zeit in Apk.21,21: *„Nun sah ich einen völlig neuen Himmel und eine andere, ganz neue Erde. Der frühere Himmel und die frühere Erde waren verschwunden."* Diese beiden hier zitierten Worte legen die Einswerdung der Polaritäten nahe.

Die neue Welt besteht nicht mehr aus den Gegensätzen von Licht und Materie, von Geist und Stoff. Die Erde wird Himmel und der Himmel wird Erde, wird zur *„Himmelerde*" oder zum *„Erdenhimmel."* Geist und Fleisch sind EINS. Das WORT ist Fleisch geworden in der Menschwerdung Gottes als *Lichtmaterie in uns.*

Die Quantenphysik hat herausgestellt: *Es gibt keine Materie – es gibt nur Schwingungsmuster!* Dichte Materie ist demnach eine ganz niedere Schwingung, die sich in Flüssigkeiten schon erhöht hat und bis zur Gasförmigkeit weiterschreitet. Eis z.B. ist hart und fest mit niedrigster Schwingung des Wassers. Fließendes Wasser ist Ausdruck der Schwingungssteigerung und Wasserdampf eine noch höhere Schwingung. Je höher die Schwingung, desto unsichtbarer wird die Materie. Hier ein Beispiel: Schwingen wir einen dünnen Stock langsam hin und her, dann kann man immer sehen, wo er sich gerade befindet. Steigert man aber die Schwingung, wird es schwieriger. Bei der höchsten Geschwindigkeit verschwindet der obere Teil des Stockes in der Unsichtbarkeit und man kann durch seine Schwingung hindurchschauen.

Die geistige Schwingung ist physisch-sinnlich nicht wahrnehmbar wohl aber inspirativ übersinnlich.

Es gilt also, unsere eigene Schwingung geistig, seelisch und körperlich mit der göttlichen zu vereinen, was einer Neuschöpfung gleichkommt. Dieser

Impuls kommt von Jesus, als er den versammelten verängstigten Jüngern nach Seiner Auferstehung bei verschlossener Tür im Raum erscheint und ihnen kündet: *„Friede sei mit euch! Wie der Vater mich gesandt, so sende ich euch". Nach diesen Worten haucht Er sie an und erteilt die Weisung: Empfanget heiliges Pneuma!"*

Das erinnert an die Schöpfung des Menschen, als Gott dem aus Erde geformten Menschen, SEINEN Odem einblies: ***„Da machte Gott der HERR den Menschen aus Erde vom Acker und blies ihm den Odem des Lebens in seine Nase. Und so ward der Mensch ein lebendiges Wesen."*** Genesis 2,7.

Die Neuschöpfung geschieht uns durch die Einswerdung mit IHM.

Abb.26, Cosmozentrum Mensch

Der Eigenwille des Menschen
den uns Gott verlieh
wird von IHM erfüllt
wenn unser Wille SEIN Wille ist
zur
Neuschöpfung des MENSCHEN.

XVII. Einswerdung durch Erkennen des Ganzen

Nachdem wir vom Baum der Erkenntnis gegessen und gelernt haben, Gutes vom Unguten zu unterscheiden, haben wir erfahren, dass das Ungute früher oder später Leid verursacht. Um das zu vermeiden, suchen wir nach dem Besseren, das es zu erspüren gilt. Wenn sich uns diese Zusammenhänge eröffnen, sehen wir das Leben vielleicht mit anderen Augen, weil das Ungute den Sinn beinhaltet uns zur Erkenntnis des Guten und des GANZEN zu führen. Es braucht dann nicht mehr die absolute *Verurteilung* des Bösen bzw. des betreffenden Menschen, der uns nichts Gutes widerfahren ließ. Das ist in jedem Falle eine Herausforderung für uns, doch wenn wir sie annehmen, um positiv darauf zu reagieren, dann wachsen und reifen wir als Mensch und beschleunigen unsere Entwicklung. Daraus können wir schließen:

Alles was uns im Leben widerfährt, ist notwendig für unsere Entwicklung.

Es geht darum, das sogenannte „Böse" oder besser das „Ungute" zwar zu benennen oder zu kritisieren, jedoch nicht mehr zu bekämpfen. Wir können es stattdessen als etwas Werdendes, als *„ein-noch-nicht-Gutes"*, wahrnehmen, dass sich durch unsere freiwillige Bereitschaft zum Besseren und Guten entwickeln kann. In diesem Zusammenhang mahnt uns Jesus: *„Und richtet nicht, so werdet ihr auch nicht gerichtet. Verdammt nicht, so werdet ihr nicht verdammt. Vergebt, so wird euch vergeben." Lukas 6, 37.*

EINSWERDUNG

Wie kann man den göttlichen Geist
mit der empfindenden Seele
und dem blutvollen Leib vereinen
zu einer neuen Leiblichkeit?
Das vollzieht nur das liebende Herz,
das alle Organe, alles Gewebe, Zellen und Strukturen
mit dem kreisenden Blut
versorgend verbindet –
alles vereint
und wo ER im Herzen wartet
denn ER ist
die Einheit von Körper, Seele und Geist
und hat uns erschaffen
und erschafft uns neu von innen her
mit neuer lichter Leibsubstanz
als
MENSCH.

Das Herz vermag Polaritäten zu vereinen. Es ist ein *Sinnesorgan*, denn ohne ununterbrochene Blutversorgung vom Herzen ist keine Sinneswahrnehmung (*Sensorik*) möglich. Das heißt, dass das Herz ein *sinnmachendes* Organ ist: *Nur das Herz macht Sinn*!

Und zugleich ist das Herz ein *übersinnliches* Organ, das uns aufgrund seiner physiologischen und seelischen Eigenschaften mit der Welt des Geistes verbindet, denn ohne die angemessene Blutversorgung des Gehirns, haben wir auch kein Bewusstsein. Und Selbstbewusstsein ist eine Wahrnehmung des Ichs oder des Selbst, das wir aus dem Übersinnlichen empfangen haben. Es verbindet uns mit unserem göttlichen Höheren Selbst und äußert sich z.B. in uns als Gewissen, als das, was immer *weiss,* aus dem die Weisheit zu weisen Entschlüssen in uns „hineinfällt", um uns einst zu vollends weisen Menschen, zum *Homo Sapiens* werden zu lassen!

Polaritäten als Komplementäre zu erkennen, als sich ergänzende Teile zum Ganzen – wie Sinnliches und Übersinnliches -, ist der Schlüssel zur Neuen Welt.

Mann und Frau sind komplementäre Geschöpfe als Bild des Schöpfers und eines jeden Menschen, der beides in sich birgt, Göttliches und Menschliches zum göttlichen MENSCHEN.

Abb.27, Herz-Paar

Das menschliche Herz
ist das Fusionsorgan
von Geist und Leib –
von Himmel und Erde –
von männlich und weiblich
von Gott und Mensch –
es ist die Gebärmutter des
MENSCHEN.

* * * *

Literaturverzeichnis

- **Delor, Andreas**, Der Mensch als Ursprung aller Dinge - Gleichklänge zwischen Esoterik und Wissenschaft, BIPEDIA 27-6, 2009 http://cerbi.ldi5.com/imprimersans.php3?id_article=182
- **de Sarre, François**, Die Theorie der ursprünglichen Zweifüßigkeit - Ein phylogenetisches Modell zur Entwicklungsgeschichte des Menschen, der Säuger und der übrigen Wirbeltiere, veröffentlicht in EFODON-SYNESIS Nr. 1/2002, 2001, http://initial.bipedalism.pagesperso-orange.fr/biped_all.htm
- **Dworzynski, Adam**, *(Pseudonym: Simon Hofmann),* Vor dem Antlitz des Gottes, Die apokalyptische Vision des Sehers. *Die Johannes-Schriften von einst im Lichte des heute.* Kaufbeuren 1973, Selbstverlag (*zu beziehen über den Autor D.Gümbel*)
- **Dworzynski, Adam**, *(Pseudonym: Simon Hofmann)* Die Logos-Tat „ICH BIN". *Die Johannesschriftten von einst im Lichte des heute*, Bd.I , Das Evangelium des Jüngers in Urfassung ergründet und entkalt. Selbstverlag, Kaufbeuren 1968 (*zu beziehen über den Autor D.Gümbel*)
- **Dworzynski, Adam**, *(Pseudonym: Simon Hofmann)* Die Logos-Tat „ICH BIN" Die Logos-Tat „ICH BIN" *Die Johannesschriftten von einst im Lichte des heute*, Kaufbeuren, Bd.II Deutung und Tiefenschau, Selbstverlag, Kaufbeuren 1982, Selbstverlag (*zu beziehen über den Autor D.Gümbel*)
- **Dworzynski, Adam**, *(Pseudonym: Simon Hofmann),* Das Johanneische Menschenbild, Kaufbeuren 1983, mit einem Nachwort von D.Gümbel.
- **Gümbel, Dietrich**. Ganzheitliche Therapie mit Heilkräuter-Essenzen, Heidelberg 1996, ISBN 3-7760-1341-9 (*zu beziehen über den Autor*),
- **Gümbel, Dietrich**, Wie neugeboren mit Heilkräuter-Essenzen und Farben, Karl F. HAUG-Verlag, Heidelberg 1995, Gümbel, Dietrich. Aromatische Pflanzenpflege – *Duft statt Gift für Haus-und Zimmergarten, Gemüse, Obst- und Landbau*, OLV-Verlag, Xanten 2001, (*zu beziehen über den Autor*)
- **Gümbel, Dietrich**, Heilen durch die Sinne – Die Cosmo-Therapie, Karl F. HAUG-Verlag, Heidelberg 1998, (*zu beziehen über den Autor*)
- **Gümbel, Dietrich**, COSMOMUSIK, Vaasa / Finnland 2011
- **Illies, Joachim**, Theologie der Sexualität, Die zweifache Herkunft der Liebe, Edition Interfrom, Zürich 1981
- **Mallasz, Gitta**, Herausgeberin, Die Antwort der Engel, Daimon Verlag, Einsiedeln Schweiz 2013
- **Posch, Helmut**, Das Wahre Weltbild nach Hildegard von Bingen, St,Georgen i.A., Austria
- **Sri Aurobindo**, Wenn die Seele singt, Bd.2, Kreuz-Verlag, Stuttgart/Zürich

Printed by Books on Demand GmbH, Norderstedt / Germany